DOS PAPAS, UNA FAMILIA

Paloma Gómez-Borrero

DOS PAPAS, UNA FAMILIA

temas 'de hoy.

Fotografías del interior: Cover

© Paloma Gómez-Borrero, 2006
© Ediciones Temas de Hoy, S. A. (T. H.), 2006
Paseo de Recoletos, 4. 28001 Madrid
www.temasdehoy.es
Primera edición: junio de 2006
ISBN-13: 978-84-8460-584-3
ISBN-10: 84-8460-584-1
Depósito legal: M. 21.673-2006
Preimpresión: J. A. Diseño Editorial, S. L.
Impreso en Artes Gráficas Huertas, S. A.
Printed in Spain–Impreso en España

Índice

Índice

Prólogo

Siempre he creído en el valor y la importancia de la familia porque, como se lee en la Declaración Universal de los Derechos del Hombre, «la familia es el núcleo natural y fundamental de la sociedad y tiene derecho a ser protegida por la misma sociedad y por el Estado». Habiendo tenido el privilegio, no sólo informativo, de seguir el pontificado de Juan Pablo II y hasta ahora el de Benedicto XVI, he podido constatar la preocupación por el futuro de la familia, su encarnizada defensa allá donde es atacada o no tiene voz, y el apoyo y el aliento que le dan. Así como en todos los viajes Juan Pablo II dedicaba un momento especial para reunirse con los jóvenes, otra cita indispensable era con las familias, y al igual que «inventó» las Jornadas de la Juventud, ideó los encuentros con padres e hijos. El papa Ratzinger ha demostrado que estos dos pilares son igualmente significativos e importantes para él. En agosto pasado se reunió en Colonia con una multitud de muchachos llegados de los cinco continentes, y en el próximo mes de julio se encontrará con las familias. Sabía Juan Pablo II que la salud, su físico envejecido y muy enfermo, no le iban a permitir acudir a ninguna de estas dos citas, pero estaba seguro de que, quienquiera que fuera su sucesor, no renunciaría a esos dos viajes. Lo dijo ya Benedicto XVI en la homilía de la misa de entronización de su pontificado: «Queridos jóvenes, futuro y esperanza de la Iglesia y de la humanidad, seguiré dialogando y escuchando vuestras esperanzas para ayudaros a encontrar cada vez con mayor profundidad a Cristo viviente, el eternamente joven»... Colonia y Valencia son dos acontecimientos con dos papas porque junto a Benedicto XVI está el espíritu, la presencia invisible pero real de Juan Pablo II. Aquella tarde, en los solemnes funerales que ofició Joseph Ratzinger, entonces cardenal decano del Sacro Colegio, con la voz rota por la conmoción, nos transmitió lo que todos teníamos en el corazón y en la mente: «Ninguno de nosotros podrá olvidar cómo en el último domingo de Pascua de su vida, el santo padre, marcado por el sufrimiento, se asomó una vez más a la ventana del Palacio Apostólico Vaticano y dió la bendición Urbi et Orbi por última vez. Podemos estar seguros de que nuestro amado papa está ahora en la ventana de la casa del padre, nos ve y nos bendice».

La decisión de convocar el quinto encuentro con las familias en España, después del de Manila en el 2003, se adoptó mucho antes de conocer los profundos cambios que iba a experimentar la legislación de nuestro país en materia familiar, a la luz de los cuales la cita de Valencia adquiría un significado verdaderamente particular. Sin duda, al deseo de respetar la cita de su predecesor ahora se añadía la obligación moral de hacer escuchar la voz de la Iglesia en favor de la familia tradicional, y así el 3 de diciembre de 2005, durante la audiencia a los presidentes de las Comisiones Episcopales para la Familia y la Vida de América Latina, Benedicto XVI pidió a todos los obispos del mundo, a todas las diócesis y movimientos católicos, que se movilizaran y participaran en el encuentro... ¡Que no faltaran a la cita de junio en Valencia!

Cuando Temas de Hoy me propuso que escribiera este libro, no lo dudé; me parecía que hacerlo era, en cierto modo, rendir un homenaje de cariño a Juan Pablo II y a Benedicto XVI. Aunque siempre he pensado que sólo existen los cardenales in péctore, aquellos cuyo nombre se reserva el papa hasta que lo cree conveniente, en el caso del cardenal Ratzinger, para Juan Pablo II era su «papa in péctore». He querido unir a los dos en un tema tan vital como es el de la familia, sobre el que tantísimas veces habló Karol Wojtila, que estaba convencido de que «así cual es la familia, tal es la nación, porque tal es el hombre... la familia es la primera y fundamental comunidad humana. Es ambiente de vida, es ambiente de amor... la única comunidad en la que cada ser humano es amado por sí mismo, por lo que es y no por lo que tiene... la sociedad del mañana será lo que hoy es la familia».

Las páginas que siguen están repletas de palabras, conceptos de la doctrina y la pastoral familiar de Juan

Pablo II y Benedicto XVI. Por eso mismo quisiera citar, para cerrar estas líneas, a otros personajes bien lejanos del ambiente pontificio, pero que concuerdan en la importancia de la institución familiar. Por ejemplo, el filósofo alemán Novalis en 1793 escribía a su madre: «Creo que los ciudadanos más perfectos de un Estado son aquellos que se entregan de lleno a sus familias». O el dramaturgo sueco Henrik Ibsen, cuando reafirmaba «que la vida de la familia pierde toda su belleza cuando se basa en el principio del "yo te doy, tú me das"». O el escritor francés François Mauriac, que aseguraba que «el amor conyugal que persiste a través de mil vicisitudes es el más bello de los milagros, aunque sea el menor de los milagros». Sobre este último, yo prefiero pensar que un amor indestructible entre cónyuges, o el amor entre padres e hijos que nada ni nadie puede romper, sí es verdaderamente hermoso pero no debe ser un milagro.

Por último, quiero dedicar un agradecimiento muy especial a Luis García del Castillo, siempre dispuesto a dejar a un lado sus papeles para echarme una mano con los míos, y cuya labor documental y su asistencia me han sido indispensables en esta aventura.

VIDAS CASI PARALELAS

A nadie puede extrañar que el pensamiento de Juan Pablo II y de Benedicto XVI al hablar de la familia sea prácticamente idéntico. Pocos temas habrá en la agenda de la Iglesia católica donde exista una unificación de criterios —o de sensibilidades— tan completa. Una defensa total de la institución familiar, entendida como base de la sociedad y como la primera unidad de la Iglesia, frente a tentativas de modelos alternativos, pero sin olvidar la promoción de la misma, y sin que falten las críticas a quienes se llenan la boca con la palabra «familia» pero luego olvidan las medidas necesarias para protegerla.

Es un tópico decir que todos hemos tenido una familia, y es obvio que la experiencia recibida en el seno de la misma —o la falta de ella— marcará nuestra vida de entonces en adelante. Por eso me ha parecido interesante echar un vistazo a los primeros años de la biografía de nuestros protagonistas. La conclusión es que, efectivamente, en ambos pontífices sus primeros años han dejado una huella imborrable y decisiva. Y lo más curioso es que el destino nos muestra dos vidas que parecen seguir caminos divergentes, tanto en el marco que alberga su infancia y juventud como en el aspecto familiar, más concretamente. Dos existencias, más que diferentes, simétricas, que sin embargo acabarán por encontrarse en éste y otros tantos puntos, hasta su convergencia final, en la cátedra de Pedro.

Como todas las personas de su tiempo que habitaban en la *Mitteleuropa*, nada puede entenderse sin el marco político de la primera mitad del siglo XX y, sobre todo, sin el huracán de la guerra que destroza cuarenta millones de vidas humanas y altera brutalmente el curso de la historia. Una guerra donde, sin saberlo y sin conocerse, Karol Wojtila y Joseph Ratzinger estarán en bandos opuestos.

Karol Wojtila nació el 18 de mayo de 1920 en Wadowice, en el sur de Polonia. Una primera experiencia de guerra acababa de sacudir al continente, y todos querían pensar que el mundo habría aprendido de un horror sin precedentes. En Polonia, el conflicto había tenido un epílogo más largo, porque del caos en el que quedó sumido el viejo Imperio Ruso, mientras tardaba en afirmarse lo que luego sería la Unión de Repúblicas Socialistas Soviéticas, los viejos anhelos de independencia polaca habían conseguido imponerse, gracias a la determinación del mariscal Pilsudski. Lo que explica que un sargento del nuevo ejército polaco tarde en asentarse y que desde Cracovia se le envíe a Wadovice. Allí finalmente pueden reanudar la vida familiar y allí les nace ese nuevo hijo al que sus padres darán el nombre de su progenitor: Karol. Aunque en familia y en su círculo de amigos le llamarán con el mote cariñoso de Lolek. Es el tercer hijo del oficial Karol Wojtila y de Emilia, pero sólo encontrará un hermano para darle la bienvenida en la familia, porque no llegará a conocer a su hermana Olga, muerta al poco tiempo de nacer. Su hermano mayor lo es de verdad, porque Edmund había nacido catorce años antes.

Los primeros años de Karol son como los de cualquier niño polaco, con más apreturas que holguras. Pero con sólo nueve años se enfrenta a su primera tragedia, que lo marcará para siempre. Su madre, Emilia, muere en 1929. Sólo es un niño al que de repente hay que explicarle que su mamá no volverá nunca más. Un trabajo pesado que recae sobre las espaldas del militar retirado, y que éste afronta sin vacilar. Mientras Edmund frecuenta la Facultad de Medicina en Cracovia, el padre pasa mil apuros para que a Lolek no le falte nada de lo indispensable. Y lo consigue. Entonces no existía el neologismo de las familias «monoparentales», cuando hay que suplir la cantidad con más calidad, pero el padre del pequeño Wojtila se entrega en cuerpo y alma a ser, además de progenitor, amigo y maestro del hijo.

Sin embargo, el destino parece complacerse en apretar la tuerca del dolor en casa de los Wojtila. El hermano Edmund no llegará a sacar provecho de sus estudios de medicina. Contrae la escarlatina mientras atendía a una enferma en el hospital y no podrá superar la enfermedad. El dolor es más profundo si se piensa en que ahora padre e hijo se quedan completamente solos en una Polonia que empieza a mirar con recelo los cambios que se producen a su alrededor. Por un Karol que defiende a sus vecinos judíos hay demasiados polacos que, por ignorancia o por miedo, imitan las actitudes racistas que llegan desde la vecina Alemania. Hasta que, pocos años más tarde, lo que llega de allí serán las divisiones Panzer dispuestas a borrar a Polonia del mapa de Europa una vez más.

En 1939, Karol Wojtila era un brillante estudiante de Filología en la Universidad de Cracovia, donde se había trasladado con su padre. Pocas semanas de guerra y ya no es más que un joven con un padre anciano a cargo. Ahora le toca a él asumir el mando de la familia y lo hará a costa de las incontables penurias del país ocupado. Primero, como simple repartidor, arriesgando la vida en cada entrega. Después, como obrero de la factoría Solway, vigilado de cerca por la administración ocupante. Pobreza, derrota, sacrificio y duro trabajo.

Aún puede ser peor. En la Navidad de 1941, cuando los tambores de guerra resuenan cada vez más sombríos, un ataque al corazón fulmina al padre de Karol. Nadie sabrá jamás lo que pudo experimentar cuando lo encontró ya muerto, al volver de uno de sus turnos en la fábrica, con las medicinas y la comida que había podido reunir. Ahora sí que estaba solo. Desoladoramente solo. La vida le había arrancado uno a uno a sus seres queridos, con la guerra como el peor de los telones de fondo para su tragedia personal. La familia de Karol Wojtila termina aquí.

Es lícito pensar que toda esta cadena de acontecimientos influyó en la decisión del joven Wojtila de abrazar el sacerdocio, pero sería equivocado pensar que se debió solamente a ellos. La idea estaba presente en su mente al menos desde la escuela secundaria y, desde luego, el momento para ponerla en práctica no podía ser menos apropiado. El seminario de Cracovia había pasado a la clandestinidad y aparecer vinculado con los estudios eclesiásticos equivalía a un billete de ida a Auschwitz, donde acabaron muchos de los amigos de juventud de Karol. Un rasgo más acusado de sus pérdidas familiares se puede encontrar en la profundísima devoción mariana del que luego será Juan Pablo II y tendrá como divisa el célebre *Totus Tuus*. En María, el niño y joven Wojtila encuentra la madre que le faltó en edad tan temprana, y en esa asociación le anima su padre, con el que acudió varias veces al santuario nacional de Kalwaria. Todo ello, en el marco de una Polonia igualmente mariana, la casa de la Virgen Negra.

Joseph Ratzinger, en cambio, nace y crece en un ambiente familiar más sereno. Aunque la Alemania de 1927 intentaba dejar atrás la pesadumbre de la Gran Guerra, el desempleo y la pesada carga de las indemnizaciones de guerra seguían lastrando la economía germana, y detrás de la crisis asomaba el choque político que poco tiempo después se convertiría en una pesadilla mortal para el mundo entero.

El futuro Benedicto XVI ve la luz en una localidad de Baviera, Marktl au Inn, el 16 de abril de 1927, muy cerca del antiguo santuario mariano de Altoting, cuya huella se remonta a Carlomagno. Como le sucede al pequeño Karol, el recién nacido no es el primero de la familia, porque delante de él están un hermano y una hermana mayores, Georg y María. Y a pesar de ello llevará el nombre de su padre, que, para mayor paralelismo, también es un funcionario estatal. Joseph Ratzinger padre es gendarme, y de la casa cuida la madre, María. Al pequeño Joseph lo bautizan al día siguiente de su nacimiento, aprovechando que es un día tan señalado como el Domingo de Pascua. Señalado pero tremendamente frío, tanto que sus hermanos no podrán acompañarle por miedo del hielo y la nieve que imperan.

El trabajo del padre obliga a la familia a cambiar de domicilio más de una vez. Después de Marktl vendrá Tittmoning, y después aún Aschau au Inn. La infancia del pequeño Joseph transcurre serena, pero hasta un niño como él puede darse cuenta de que el ambiente alemán se está enrareciendo. El padre tiene que intervenir cada vez más frecuentemente para parar los pies a las escuadras nacientes del partido nacionalsocialista, que prosigue su escalada lenta pero inflexible hacia el poder, visto como la única alternativa al caos económico y social que la República de Weimar no consigue atajar.

A principios de 1933 sucede lo que más se temía en casa de los Ratzinger. El presidente Hindemburg llama a Hitler para formar gobierno, y poco después la mancha nazi se extiende por Alemania. Si Georg ingresa en las Juventudes Hitlerianas y la joven María en la Liga de las Muchachas Alemanas, no es desde luego por su gusto. Por suerte, está el refugio de la casa familiar, donde los dos hermanos varones sienten el ejemplo de la religiosidad de sus padres, y donde va germinando la vocación sacerdotal de Georg primero y de Joseph después. En el nuevo domicilio familiar de Traunstein, Joseph toma la decisión de entrar en el seminario, pero no hubiera sido financieramente posible sin la ayuda que aporta la joven María, que empieza a trabajar de dependienta en una tienda de la localidad. Pero estamos ya en 1939, y la guerra se convierte en una horrorosa realidad...

El joven seminarista Joseph Ratzinger pone todo su empeño en los estudios, a pesar de que la vida en comunidad se le hace cuesta arriba, ya que estaba acostumbrado al pequeño mundo de su familia. Y más tarde admitirá que la materia de educación física, a la que se dedican dos horas diarias, era «una auténtica tortura, no estando dotado para la actividad deportiva», en sus mismas palabras. Y aunque sus compañeros tienen mucho aguante para con él, «no es bonito saber que se es un fardo para el equipo en el que se juega».

En 1941 la guerra reclama mayores esfuerzos al pueblo alemán y todos los seminaristas tienen que volver a casa. Georg es enrolado en la Wehrmacht como radiotelegrafista y será destinado al frente italiano. Poco después, en cuanto cumple los dieciséis años, Joseph tiene que prestar servicio como auxiliar en la antiaérea de Múnich. Por aquel tiempo, la familia Ratzinger sufre la pérdida de un joven pariente, un muchacho afectado del síndrome de Down. Oficialmente ha muerto de pulmonía en una residencia, donde había sido internado por orden del Tercer Reich «para que sea atendido mejor», pero cuando este tipo de noticias se empieza a repetir cada vez más, la sospecha de la «selección de la raza» se abre camino. Una sospecha que se hará horrible certeza al final de la guerra.

La guerra... lo que debía ser el relámpago de sangre que certificara la «supremacía aria» en el mundo se está alargando demasiado. Y por encima de la retórica oficial, la contienda toma un giro cada vez más negro para la Alemania nazi. De atacantes se han transformado en atacados, y se echa mano de todos los recursos. Incluida la generación de los muchachos de dieciocho años, como el seminarista Joseph Ratzinger, adscrito al Servicio Laboral del Reich, que se intenta volcar en el horno de la destrucción. Escapa por poco a un alistamiento forzoso en las SS y vuelve a casa. A finales de 1944 le llega la orden definitiva de llamada a las armas.

Aunque tiene la suerte de poderse quedar en Traunstein, queda encuadrado en los *Herren Volk*, el Ejército del Pueblo, la última ocurrencia sangrienta del nazismo, que mezcla críos de catorce años con veteranos de la Gran Guerra para enviarlos al matadero de los últimos días de la contienda. A finales de abril de 1945 decide escaparse del cuartel y refugiarse en su casa, arriesgando la vida porque los soldados de guardia tienen orden de fusilar a los desertores, pero la suerte le sonríe: la patrulla que lo detiene sabe que la guerra tiene los días contados y no quiere añadir más sangre a la matanza general. Joseph Ratzinger vivirá en familia el final de la pesadilla de la guerra, pero angustiado por la suerte del hermano Georg.

Después de un breve internamiento como prisionero de guerra con los americanos, Joseph vuelve a casa definitivamente y es acogido con inmensa alegría: «En mi vida he comido una cena tan exquisita como la que me preparó mi madre aquella vez con productos de su pequeño huerto». Una alegría que se repetirá un mes después, con el regreso sano y salvo de Georg. Será necesario el esfuerzo y el cariño de la familia para volver a levantar una existencia y un país.

LOS PRIMEROS TIEMPOS
DE UNA NUEVA ERA

Septiembre de 1978 terminaba con un nuevo cónclave, apenas un mes después del último, que había visto la entronización del demasiado breve pontificado del buen Albino Luciani, Juan Pablo I. Todos teníamos bien reciente la terminología que rodeaba a la elección de un pontífice. Los cardenales volvieron a reunirse, en unas condiciones no precisamente óptimas, porque no se disponía de habitaciones especialmente preparadas para albergar a los príncipes de la Iglesia, sino que se les colocaba en cuartos de emergencia dispuestos un poco *a la buena de Dios* en el Palacio Apostólico, colindante con la basílica de San Pedro. El mismo Juan Pablo I había escrito a su sobrina: «A mí me ha tocado un salón habilitado como dormitorio. Es como volver al seminario de Feltre en 1923: cama de hierro, colchón y una palangana para lavarse...». Y el anciano cardenal belga Suenens contaba como a él le había caído en suerte una habitación decorada con frescos, pero con un aguamanil por todo cuarto de baño, teniendo que pedir que le dejara utilizar el suyo «por el amor de Dios» al purpurado peruano Juan Landazuri, que había tenido más fortuna. Giuseppe Siri, arzobispo de Florencia y veterano de dos elecciones, describía pintorescamente el ambiente. «Después del tercer día no hay quien resista. Nombraríamos papa a una silla con tal de salir de allí. ¿Sabe lo que me llevo a la clausura? Media botella de coñac. No para mí, sino para el elegido. Ya lo hice en las anteriores ocasiones, y créame que sirvió.»

Con el nuevo cónclave, volvíamos a escuchar un torrente de especulaciones sobre el próximo sucesor a la cátedra de San Pedro. Parece hoy seguro que el nombre de un candidato de consenso lo sugirió el cardenal Koenig, arzobispo de Viena, y que el burrianense Vicente Enrique y Tarancón apoyó la moción que finalmente vio victorioso al cardenal arzobispo de Cracovia.

El 15 de octubre de 1978, la festividad de Santa Teresa de Jesús no nos trajo un papa español, pero el día siguiente, 16 de octubre, Santa Eduvigis de Polonia sí que tuvo el privilegio de coronar un compatriota. Cuando el cardenal protodiácono Pericle Felici dio el nuevo anuncio de *Habemus Papam*, entre los nervios y los apretujones que sufríamos las decenas de periodistas a la espera, no capté bien el nombre del cardenal elegido, del que sólo retuve su acento exótico, diferente de sus antecesores Pacelli, Montini o Luciani. Y estuve a punto de anunciar el advenimiento de «un papa negro, un papa del Tercer Mundo». Menos mal que un sacerdote me dio un codazo y me corrigió *por lo bajinis*: «¡Polaco, que es polaco!». Y pude reponerme a tiempo, y dar a través de Televisión Española la noticia de la elección como pontífice del cardenal Karol Wojtila, que tomaría el nombre de Juan Pablo II, destinado a protagonizar una larga página no ya de la historia de la Iglesia, sino de la Historia contemporánea.

Para empezar, Juan Pablo II apareció en el balcón de la plaza de San Pedro para saludar a los fieles allí reunidos, y ante la sorpresa general se dirigió a los presentes con un pequeño discurso, donde hablaba del miedo que tenía al recibir el nombramiento, igual que su antecesor. El nuevo papa usaba un italiano correcto, aunque el acento le delataba: «No sé si podré hablar bien en vuestra... en nuestra lengua italiana». Y en el aplauso que siguió, percibí que el nuevo papa se había metido en el bolsillo a su nueva parroquia.

De los incontables saltos al protocolo que sembraron los primeros pasos del papa polaco conviene citar en esta ocasión una pequeña historia que sabe casi a cuento de Navidad. En diciembre de 1978, Juan Pablo II se acercó a bendecir el nacimiento artesanal que todos los años preparan los barrenderos que tienen a su cargo el barrio de San Pedro. Y allí en el depósito de utensilios de Via di Porta Cavalleggeri, justo detrás del Vaticano, Vittoria, la hija del barrendero jefe —y maestro del belén— Giuseppe Janni, se acercó al papa y le dijo: «Santidad, me voy a casar en febrero, ¿podría tener la felicidad de que bendijese mi boda?». Juan Pablo II aceptó inmediatamente: «Presentaos en el Vaticano para fijar los preparativos». Cuando entrevisté a Vittoria Janni, aún no se lo creía: «No me explico cómo me he podido atrever...». Pero así fue, y dos meses después en la Capilla Paolina, Juan Pablo II celebró el enlace de Vittoria y su novio Mario. La boda tuvo más periodistas y más resonancia que la de cualquier retoño de la más campanuda nobleza. Por cierto, que tuvieron gemelos, y durante mucho tiempo el papa, al regresar del *Te Deum* de fin de año, llamaba para interesarse por sus «sobrinos», como él mismo decía. Se podría decir que aquél fue un primer acercamiento a la «familia» del nuevo pontífice. Y con un enfoque mucho más práctico que teórico.

Más doctrinalmente, una de las primeras referencias específicas al tema familiar la podemos hallar en la alocución pronunciada el 3 de enero de 1979, con motivo de la Audiencia General de aquel día. Quién sabe si el recuerdo del enlace de la hija del barrendero Janni con el electricista no habrá pesado en su redacción, visto que se definía expresamente a la Sagrada Familia, «una familia que vive modestamente, con pobreza, del trabajo de sus manos». De seguro Karol Wojtila, que siempre fue «un sacerdote entre los hombres», conocía suficientes ejemplos prácticos.

Todo cuanto podemos decir de cada familia humana, de su naturaleza, deberes, dificultades, lo podemos decir también de esta Familia Sagrada. De hecho, esta Santa Familia es realmente pobre; en el momento del nacimiento de Jesús está sin casa, después se verá obligada al exilio... Es una familia que no se queda sólo en los altares, sino que a través de tantos episodios que conocemos, está cercana a toda familia humana; se hace cargo de los problemas profundos, hermosos y, al mismo tiempo, difíciles que lleva consigo la vida conyugal y familia.

En el mismo discurso, Juan Pablo II ofrece un resumen conciso pero completo de lo que podríamos llamar «la doctrina familiar de la Iglesia». En los siguientes párrafos se citan las líneas maestras de este pensamiento, que no cesará de desarrollar, comentar y extender en un cuarto de siglo de pontificado.

Todos deben reconocer que esta dimensión esencial de las vivencias del hombre es cabalmente la familia. Y en la familia, lo es la procreación: un hombre nuevo es concebido y nace, y a través de esta concepción y nacimiento, el hombre y la mujer, en su calidad de marido y mujer, llegan a ser padre y madre, procreadores, alcanzando una dignidad nueva y asumiendo deberes nuevos. La importancia de estos deberes fundamentales es enorme también desde el punto de vista de toda comunidad humana. Todo depende del modo como los padres y la familia cumplan sus deberes primeros y fundamentales, del modo y medida con que enseñen a «ser hombre» a esa criatura que gracias a ellos ha llegado a ser un ser humano. En esto la familia es insustituible. Es necesario hacer todo lo posible para que desde su momento inicial, desde la concepción, este ser humano sea querido, esperado, vivido como un valor particular, único e irrepetible. Este ser debe sentirse importante, útil, amado y valorado, incluso si está inválido o es minusválido; es más, por esto precisamente más amado aún.

La noche de Navidad, la Madre que debía dar a luz no encontró un cobijo para sí. Este hecho del que hablo es un gran grito, un desafío permanente a cada uno y a todos, acaso más en particular en nuestra época, en la que a la madre que espera un hijo se le pide con frecuencia una gran prueba de coherencia moral. En efecto, lo que viene llamado con eufemismo «interrupción de la maternidad» —aborto— no puede evaluarse con otras categorías auténticamente humanas que no sean las de la ley moral, esto es, de la conciencia.

Por consiguiente, no se puede dejar sola a la madre que debe dar a luz; no se la puede dejar con sus dudas, dificultades y tentaciones. Debemos estar junto a ella para que tenga el valor y la confianza suficientes de no gravar su conciencia, de no destruir el vínculo más fundamental de respeto del hombre hacia el hombre; por ello, todos debemos estar de alguna manera con todas las madres que deben dar a luz, y debemos ofrecerles toda ayuda posible.

Apenas una semana más tarde, en la siguiente Audiencia General, Juan Pablo II volverá sobre el mismo tema. Y esta vez, haciendo hincapié en la función de madre, con la madre por excelencia, que no es otra que María. Y de sus palabras no sólo se desprende la enorme devoción mariana del pontífice —que se extiende a toda la nación polaca—, sino también que es un tema del que participa personalmente, por su historia personal. Casi furtivamente, en el discurso se le escapa una brevísima reflexión —«no hablo aquí de mi madre, porque la perdí demasiado pronto»— más elocuente que horas enteras de entrevista. Y cuando al final menciona una canción polaca que proclama «que hoy el mundo de modo particular tiene "hambre y sed" de esa maternidad» creo que confesaba así al mundo entero que él mismo, como hombre, era uno de los más «hambrientos».

Esta Madre lleva el nombre de María. La Iglesia la venera de modo particular. Le rinde un culto que supera el de los otros santos, precisamente porque ha sido elegida para ser la Madre del Hijo de Dios; porque a ese Hijo, que es el Verbo eterno, le ha dado en el tiempo «el cuerpo», le ha dado en un momento histórico «la humanidad». Desde el 25 de marzo hasta el 25 de diciembre, la Iglesia camina con María, que espera como toda madre el momento del nacimiento, el día de Navidad. Y contemporáneamente, durante este período, María camina con la Iglesia.

Esta maternidad llenó así los nueve meses de espera a partir del momento del nacimiento y los treinta años pasados entre Belén, Egipto y Nazaret, así como también los años siguientes en que Jesús, después de dejar la casa de Nazaret, enseñó el Evangelio del reino, años que se concluyeron con los sucesos del Calvario y de la cruz. Allí la maternidad «espiritual» llegó en cierto sentido a su momento clave. «Mujer, he ahí a tu hijo.» Así, de manera nueva, la vinculó a Ella, su propia Madre, al hombre: al hombre a quien transmitió el Evangelio. La ha vinculado a cada hombre. La ha vinculado a la Iglesia el día de su nacimiento histórico, el día de Pentecostés. Desde aquel día toda la Iglesia la tiene por Madre. Y todos los hombres la tienen por Madre.

La maternidad constituye tema predilecto y acaso el más frecuente de la creatividad del espíritu humano. Es una clave de bóveda de la cultura humana. Maternidad: realidad humana grande, espléndida, fundamental, denominada desde el principio con el mismo nombre por el Creador. Acogida de nuevo en el misterio del nacimiento de Dios en el tiempo. En él, en este misterio, entrañada. Inseparablemente unida a él.

La educación se apoya en la confianza en aquella que ha dado la vida. En el tiempo de Navidad la Iglesia proyecta ante los ojos de nuestra alma la maternidad de María, y lo hace el primer día del año nuevo. Lo hace para poner en evidencia, así mismo, la dignidad de cada madre para definir y recordar el significado de la maternidad, no sólo en la vida de cada hombre, sino igualmente en toda la cultura humana. La maternidad es la vocación de la mujer. Es una vocación eterna y, a la vez, contemporánea. «La Madre que comprende todo y con el corazón abraza a cada uno.»

A finales de enero tuvo lugar el primer viaje de Juan Pablo II. ¡A cuántos tendríamos que asistir después! Un viaje intenso que me dejó tantos momentos inolvidables. Uno por todos, cuando se le pidió a aquel papa flamante, en el avión rumbo a México D.F., una declaración de intenciones en una sola frase: «Santidad, ¿dónde va la Iglesia con Juan Pablo II?». «Hacia delante, en busca y en defensa del hombre, con el Evangelio en la mano.» ¡Todo un programa!

LA GESTACIÓN DE LA *FAMILIARIS CONSORTIO* Y EL PONTIFICIO CONSEJO PARA LA FAMILIA

Los precedentes más inmediatos en la doctrina de la Iglesia católica sobre la familia hay que buscarlos durante el Concilio Vaticano II, en la *Gaudium et spes*, donde se hablaba ya de la promoción de la dignidad de la familia. Asimismo, Pablo VI publicó en 1968 la encíclica *Humanae vitae*, y señalaba los criterios para defender el amor de los esposos frente al peligro del egoísmo. En otra de sus encíclicas históricas, la *Populorum progressio*, Pablo VI se hacía portavoz de los pueblos en vías de desarrollo, invitando a los países ricos a una política de auténtica solidaridad, y contra los proyectos de control programado de los nacimientos, que más tarde Juan Pablo II definirá como una «engañosa forma de neocolonialismo».

En la Audiencia General del miércoles 5 de septiembre de 1979, Juan Pablo II recuerda que ya están en curso los preparativos para la próxima asamblea ordinaria del Sínodo de los Obispos, que se celebrará en Roma en el otoño del próximo año, y que tendrá a la familia como centro de los trabajos. Aprovecha además para insistir en el carácter sacramental del matrimonio y en que su condición de indisoluble no viene de una convención legal, sino de un principio divino, que se remonta nada menos que al libro bíblico del Génesis.

El tema del Sínodo: «Misión de la familia cristiana», concentra nuestra atención sobre esta comunidad de vida humana y cristiana, que desde el principio es fundamental. «Principio» significa aquello de que habla el libro del Génesis. «Creó Dios al hombre a imagen suya, a imagen de Dios lo creó, y los creó varón y hembra.» A continuación, el Maestro se remite al Génesis 2, 24 casi por completo: «De manera que ya no son dos, sino una sola carne. Por tanto, lo que Dios unió no lo separe el hombre». Ese «no lo separe» es determinante. El Génesis enuncia el principio de la unidad e indisolubilidad del matrimonio como el contenido mismo de la Palabra de Dios, expresada en la revelación más antigua.

También por aquellas fechas, y nada menos que ante la Asamblea General de las Naciones Unidas, el 2 de octubre de 1979, el santo padre toma la palabra y, entre tantas cosas, pronuncia una defensa encarnizada de los más pequeños, los más débiles de entre los débiles, otro de sus «caballos de batalla» que volveremos a encontrar continuamente.

Deseo expresar el gozo que para cada uno de nosotros constituyen los niños, primavera de la vida, anticipo de la historia futura de cada una de las patrias terrestres actuales. Ningún sistema político puede pensar en el propio futuro, si no es a través de la imagen de estas nuevas generaciones que tomarán de sus padres el múltiple patrimonio de los valores, de los deberes y de las aspiraciones de la nación a la que pertenecen, junto con el de toda la familia humana. La solicitud por el niño, incluso antes de su nacimiento, desde el primer momento de su concepción y, a continuación, en los años de la infancia y de la juventud es la verificación primaria y fundamental de la relación del hombre con el hombre.

Poco después, en otra Audiencia General celebrada en pleno Sínodo, el 2 de abril de 1980, el santo padre volverá a apoyarse en el Génesis, para abordar esta vez el tema de las relaciones entre cónyuges. Una señal más de que el «Huracán Wojtila» no se arredraba ante las palabras ni los temas de actualidad. Y eso que a más de uno se le hacía cuesta arriba oír hablar de sexo al sumo pontífice. Pero era el signo de los tiempos y la señal de que algunos dossier sobre la mesa de la Iglesia empezaban a sacudirse una cierta naftalina de encima.

Las preguntas que se plantean al hombre contemporáneo son también preguntas de los cristianos: de aquellos que se preparan para el sacramento del matrimonio o de aquellos que ya viven en el matrimonio, que es el sacramento de la Iglesia. Muchos hombres y muchos cristianos buscan en el matrimonio la realización de su vocación. Muchos quieren encontrar en él el camino de la salvación y de la santidad.

Para ellos es particularmente importante la respuesta que Cristo dio a los fariseos. Los que buscan la realización de la propia vocación humana y cristiana en el matrimonio están llamados a hacer de esta «teología del cuerpo» el contenido de su vida y de su comportamiento. ¡Cuán indispensable es, en el camino de esta vocación, la conciencia profunda del significado del cuerpo, en su masculinidad y feminidad!, ¡cuán necesaria es una conciencia precisa del significado esponsalicio del cuerpo, de su significado generador, dado que todo esto, que forma el contenido de la vida de los esposos, debe encontrar constantemente su dimensión plena y personal en la convivencia, en el comportamiento, en los sentimientos! Y esto, tanto más en el trasfondo de una civilización, que está bajo la presión de un modo de pensar y valorar materialista y utilitario. La biofisiología contemporánea puede suministrar muchas informaciones precisas sobre la sexualidad humana. Sin embargo, el conocimiento de la dignidad personal del cuerpo humano y del sexo se saca también de otras fuentes. Una fuente particular es la Palabra de Dios mismo, que contiene la revelación del cuerpo.

¡Qué significativo es que Cristo mande al hombre volver, en cierto modo, al umbral de su historia teológica! ¿Acaso no le quiere decir, de este modo, que el camino por el que Él conduce al hombre, varón-mujer, en el sacramento del matrimonio, esto es, el camino de la «redención del cuerpo», debe consistir en recuperar esta dignidad en la que se realiza simultáneamente el auténtico significado del cuerpo humano, su significado personal y «de comunión»?

Al cierre de la asamblea especial del Sínodo sobre la familia, el domingo 28 de diciembre de 1980, Juan Pablo II volvía a utilizar la alegoría de la Sagrada Familia, que para él resulta sagrada no sólo hablando de la de Nazaret, sino de la de todos los días.

Cuando, el día de Navidad, vamos en espíritu a Belén, al lugar donde el Verbo se hizo carne, tenemos ante los ojos de nuestra fe el misterio inescrutable de Dios encarnado por nosotros, los hombres, y por nuestra salvación. Y al mismo tiempo este misterio reviste la forma, que nos es bien conocida, de familia: de familia humana. Esa noche, en la que María Virgen, esposa, ante Dios y ante los hombres, de José, carpintero de Nazaret, trajo al mundo por obra del Espíritu Santo a Jesús, se manifestó esta Familia, a la cual la Iglesia venera hoy con toda razón. Mediante esta santa santísima Familia de Belén y de Nazaret de la que ha venido a ser hijo el Hijo mismo de Dios

Eterno, Cristo, la Iglesia piensa hoy en todas las familias, se dirige a cada una y ruega por cada una.

La «Sagrada Familia de Jesús, María y José» es modelo de vida para cada uno de los hombres, para cada uno de los cristianos, para cada comunidad familiar. Como la Sagrada Familia de Nazaret fue el lugar privilegiado del amor, donde reinaba el respeto mutuo por cada una de las personas y por su vocación y, además, la primera escuela en la que se vivió intensamente el mensaje cristiano, así la familia cristiana y humana es, y debe ser, comunidad de amor y de vida, que son sus valores fundamentales.

El Sínodo ha vuelto a meditar sobre el designio que Dios trazó para la familia; a la luz del proyecto de Dios, ha confirmado la grandeza y el insustituible papel de la familia al servicio de la vida, para forjar hombres libres y responsables, como «iglesia doméstica» abierta a los otros y como célula primordial con los propios derechos y deberes hacia la sociedad.

Con motivo del Sínodo, Juan Pablo II compuso una oración que transcribo a continuación:

Oh Dios, de quien procede toda paternidad en el cielo y en la tierra, Padre que eres amor y vida, haz que cada familia humana sobre la tierra se convierta, por medio de tu Hijo, Jesucristo, «nacido de mujer», y mediante el Espíritu Santo, fuente de caridad divina, en verdadero santuario de la vida y del amor para las generaciones que siempre se renuevan. Haz que tu gracia guíe los pensamientos y las obras de los esposos hacia el bien de sus familias y de todas las familias del mundo. Haz que las jóvenes generaciones encuentren en la familia un fuerte apoyo para su humanidad y su crecimiento en la verdad y en el amor. Haz que el amor corroborado por la gracia del sacramento del matrimonio se demuestre más fuerte que cualquier debilidad y cualquier crisis, por las que a veces pasan nuestras familias. Haz finalmente, te lo pedimos por intercesión de la Sagrada Familia de Nazaret, que la Iglesia en todas las naciones de la tierra pueda cumplir fructíferamente su misión en la familia y por medio de la familia. Tú, que eres la vida, la verdad y el amor, en la unidad del Hijo y del Espíritu Santo. Amén.

Los obispos reunidos («la familia es tanto más humana cuanto más cristiana sea», dejaron dicho los padres sinodales) formularon cuarenta y tres proposiciones, que pusieron en las manos del papa. Se trataba de un gran esfuerzo intelectual. No en vano el relator general de la asamblea era un prelado alemán de elevado y reconocido prestigio, llamado Joseph Ratzinger, que de ahora en adelante será una de las «eminencias grises» del pontificado Wojtila, al que acompañará hasta el final. Incluso más allá.

La «oficina vaticana» se puso a trabajar con energía, siguiendo la huella del Sínodo y el impulso del pontífice. El primer esfuerzo de envergadura en el tema de la familia fue la publicación, el 9 de mayo de 1981, de la Carta apostólica *Familia A Deo Instituta*. En ella Juan Pablo II dejaba claro que el tema familiar adquiría con él importancia de «asunto de Estado» desde el preámbulo:

La familia, instituida por el Creador Supremo para que fuese la primera y vital célula de la sociedad humana, por medio de Cristo redentor, que se dignó nacer en la familia de Nazaret, ha sido honrada de tal manera que el matrimonio, es decir, la comunidad de amor y vida conyugal, de la que procede la familia, fue elevado a la dignidad de sacramento, para significar eficazmente la alianza mística de amor del mismo Cristo con la Iglesia.

Teniendo esto presente, el Concilio Ecuménico Vaticano II define a la familia como «iglesia doméstica», manifestando así la función peculiar que la familia está llamada a desarrollar en toda la economía de la salvación y, por lo tanto, la obligación que tienen todos los miembros de la familia de realizar, cada uno según su propia misión, la triple función profética, sacerdotal y real que Cristo ha confiado a la Iglesia.

La sustancia de la Carta era la sustitución del anterior «Comité para la Familia», creado por Pablo VI el 11 de enero de 1973 y subordinado al Pontificio Consejo para los Laicos, por un autónomo Pontificio Consejo para la Familia. Este Consejo queda presidido por un cardenal a quien asisten algunos obispos de varios continentes. Lo integrarán seglares, hombres y mujeres, sobre todo casados, de todas las partes del mundo, nombrados directamente por el sumo pontífice y se reunirán en asamblea plenaria al menos una vez al año. Colaboran en él peritos en diversas disciplinas, especialmente relacionadas con cuestiones familiares. También pueden ser llamados como consultores sacerdotes y religiosos. Todos ellos componen el cuerpo de consultores, que tienen la función de dar consejos y opiniones acerca de las cuestiones propuestas por el presidente y por los miembros, y pueden ser consultados individual o comunitariamente en las reuniones periódicas.

Al Pontificio Consejo para la Familia corresponderá «promover la pastoral de las familias y el apostolado específico en el campo familiar, aplicando las enseñanzas y orientaciones del Magisterio eclesiástico, de manera que las familias cristianas puedan realizar la misión educativa, evangelizadora y apostólica a la que están llamadas». Posteriormente, y como complemento a su labor, se creó el Instituto de estudios sobre el matrimonio y la familia.

Las competencias y organización del Pontificio Consejo para la Familia quedaron definitivamente delimitadas en la Constitución Apostólica del 28 de junio de 1988, artículos 139 a 141. En particular:

Artículo 141. El Consejo se ocupa de profundizar la doctrina sobre la familia y de divulgarla mediante una catequesis adecuada; fomenta especialmente los estudios sobre la espiritualidad del matrimonio y de la familia.

En colaboración con los obispos y sus conferencias, se preocupa de que se conozcan bien las condiciones humanas y sociales de la institución familiar en las diversas regiones, y también de que se intercomuniquen las iniciativas que ayudan a la pastoral familiar.

Se esfuerza para que se reconozcan y defiendan los derechos de la familia, incluso en la vida social y política; también apoya y coordina las iniciativas para la defensa de la vida humana desde su concepción y las referentes a la procreación responsable.

Todo este trabajo preparatorio tenía una meta bien delimitada, que Juan Pablo II había anunciado al cerrar el año del Sínodo. «Mientras numerosas Conferencias Episcopales y muchos obispos, sacerdotes y laicos comprometidos hacen más intenso su trabajo y su diálogo con las familias, el Papa ha acogido muy gustosamente el deseo común de los obispos y se dispone a preparar un documento.» Ese documento, tan discretamente anunciado, iba a suponer un paso fundamental en las enseñanzas de la Iglesia, y constituiría desde su publicación la piedra angular de la doctrina vaticana sobre el matrimonio y la familia.

Sin embargo, hay que hacer notar que durante aquel año todos los trabajos del pontificado se habían visto interrumpidos por el gravísimo atentado al papa, acaecido el 13 de mayo de 1981 pocos días después de la publicación de la *Familia A Deo Instituta*. Después sabríamos que, desde hacía cuatro meses, el Servicio de Inteligencia italiano había advertido a su homólogo vaticano que tenían razones para temer que se estuviera preparando un atentado.

Yo estaba allí aquel día. Al principio pensé que los dos estampidos eran simples estallidos de los globitos que llevaban los numerosos niños de las escuelas romanas allí presentes. El mismo cámara de televisión no recogió el instante, porque acababa de cambiar de plano. Televisión Española ofreció al mundo las imágenes del *jeep* papal lanzado a toda velocidad hacia la entrada vaticana del Arco de las Campanas, con Juan Pablo II pálido como la muerte, con la sotana blanca teñida de sangre. «El terrorismo ha entrado en la Ciudad del Vaticano. Han disparado al Papa...» Era el turco Mehmet Ali Agca, con una Browning HP 35 calibre 9, pero entre una monja franciscana bergamasca, sor Lucia Giudici, y el *carabiniere* Piermaria Nati frustraron su intento de huida. «Por suerte —como escribirá *Interviú*— su santidad contaba con un "ángel de la guarda" de reserva.»

Mientras tanto, la ambulancia de guardia del Vaticano se precipitaba ya hacia el Hospital Policlínico Agostino Gemelli, hacia donde su mejor cirujano, el profesor Crucitti, volaba a velocidad de infarto, saltándose los semáforos y las direcciones prohibidas, con un policía motorizado que le abría paso. Seguirían seis horas de quirófano, extirpando una buena parte del intestino. El papa había perdido mucha sangre, pero la vida sana, y la serenidad y resistencia al dolor de Karol Wojtila, asombraron a todas las eminencias médicas llamadas a consulta, entre las que destacaba el profesor Vilardell de Barcelona. El profesor me contó que llegó a decírselo una vez: «Santidad, si le duele, chille», para que se desahogara, pero él respondía que «como lo hacían tan bien, no encontraba motivo razonable para quejarse».

El domingo siguiente al atentado estábamos en San Pedro, más que nada a la espera de recibir el parte médico. Y cuál no sería mi sorpresa y la de todos los presentes cuando, a mediodía, se oyó el rezo del *Angelus* en la voz del papa. Y para muchos constituye una «encíclica del dolor», en la que expresaba su cercanía a todos y el perdón «al hermano que me ha herido». «Y a ti, María, te repito, soy todo tuyo...» Lo había grabado, en medio de un sufrimiento enorme, el día anterior desde la UVI, con la opinión unánime —y contraria— de todo el cuerpo médico. El técnico de Radio Vaticana que registró sus palabras y el equipo técnico utilizado fueron desinfectados hasta lo inverosímil.

Fue también contra el parecer médico como Juan Pablo II abandonó el hospital el 3 de junio. Y no lo hizo en una ambulancia, sino en su coche. Pero tenían razón los médicos, porque el 19 de ese mes tuvo que volver a ingresar. Yo le vi salir del Vaticano y me quedé impresionadísima por su palidez y sobre todo por su aspecto cansado, de viejo, como nunca le había visto antes. Luego supimos que el enemigo que corroía a Karol Wojtila era el temible *citomegalovirus*, un agente infeccioso que ataca a los sujetos debilitados, con violentas subidas de temperatura y que suele ser mortal, pero que pudo ser atajado gracias a un tratamiento innovador llegado de Estados Unidos, y que mantuvo de nuevo al papa en la habitación 1.022 del Gemelli hasta septiembre. «No se puede dudar de mi fidelidad al Gemelli», dirá años más tarde, en tono divertido y a la vez de reconocimiento.

Las secuelas de aquel acto horrible se seguirían notando durante el resto de su vida, y la completa recuperación física del santo padre estuvo en entredicho más de una vez. Por eso, cuando el día 22 de noviembre de 1981 se anunció la publicación de la exhortación apostólica *Familiaris Consortio*, dirigida al episcopado, al clero y a los fieles de toda la Iglesia sobre la misión de la familia cristiana en el mundo actual, fue un poco como si el papa proclamara al mundo entero su «alta médica» como Pastor universal.

El documento arranca con una reflexión sobre las luces y sombras de la familia en la actualidad:

> Por una parte existe una conciencia más viva de la libertad personal y una mayor atención a la calidad de las relaciones interpersonales en el matrimonio, a la promoción de la dignidad de la mujer, a la procreación responsable, a la educación de los hijos... Por otra parte no faltan signos de preocupante degradación de algunos valores fundamentales: una equivocada concepción teórica y práctica de la independencia de

los cónyuges entre sí; las graves ambigüedades acerca de la relación de autoridad entre padres e hijos; las dificultades concretas que con frecuencia experimenta la familia en la transmisión de los valores; el número cada vez mayor de divorcios, la plaga del aborto, el recurso cada vez más frecuente a la esterilización, la instauración de una verdadera y propia mentalidad anticoncepcional.

En los países del llamado Tercer Mundo a las familias les faltan muchas veces bien sea los medios fundamentales para la supervivencia como son el alimento, el trabajo, la vivienda, las medicinas, bien sea las libertades más elementales. En cambio, en los países más ricos, el excesivo bienestar y la mentalidad consumística, paradójicamente unida a una cierta angustia e incertidumbre ante el futuro, quitan a los esposos la generosidad y la valentía para suscitar nuevas vidas humanas; y así la vida en muchas ocasiones no se ve ya como una bendición, sino como un peligro del que hay que defenderse.

Entre los signos más preocupantes de este fenómeno, los Padres Sinodales han señalado en particular la facilidad del divorcio y del recurso a una nueva unión por parte de los mismos fieles; la aceptación del matrimonio puramente civil, en contradicción con la vocación de los bautizados a «desposarse en el Señor»; la celebración del matrimonio sacramento no movidos por una fe viva, sino por otros motivos; el rechazo de las normas morales que guían y pro-

mueven el ejercicio humano y cristiano de la sexualidad dentro del matrimonio.

La segunda parte del documento adquiere un matiz
más teológico, porque habla del designio de Dios sobre
la familia, y más concretamente sobre el matrimonio.

La sexualidad, mediante la cual el hombre y la
mujer se dan uno a otro con los actos propios y exclu-
sivos de los esposos, no es algo puramente biológico,
sino que afecta al núcleo íntimo de la persona humana en cuanto tal. La donación física total sería un
engaño si no fuese signo y fruto de una donación en
la que está presente toda la persona, incluso en su
dimensión temporal.

Esta totalidad, exigida por el amor conyugal,
corresponde también con las exigencias de una fecundidad responsable, la cual, orientada a engendrar una
persona humana, supera por su naturaleza el orden
puramente biológico y toca una serie de valores personales, para cuyo crecimiento armonioso es necesaria la contribución perdurable y concorde de los
padres.

El único lugar que hace posible esta donación total
es el matrimonio, es decir, el pacto de amor conyugal
o elección consciente y libre, con la que el hombre y
la mujer aceptan la comunidad íntima de vida y amor,
querida por Dios mismo. La institución matrimonial
no es una ingerencia indebida de la sociedad o de la

autoridad ni la imposición intrínseca de una forma, sino exigencia interior del pacto de amor conyugal que se confirma públicamente como único y exclusivo, para que sea vivida así la plena fidelidad al designio de Dios Creador.

El amor conyugal, a la vez que conduce a los esposos al recíproco conocimiento que les hace «una sola carne», no se agota dentro de la pareja, ya que los hace capaces de la máxima donación posible, por la cual se convierten en cooperadores de Dios en el don de la vida a una nueva persona humana.

Sin embargo, no se debe olvidar que incluso cuando la procreación no es posible, no por esto pierde su valor la vida conyugal. La esterilidad física, en efecto, puede dar ocasión a los esposos para otros servicios importantes a la vida de la persona humana, como por ejemplo la adopción, las diversas formas de obras educativas, la ayuda a otras familias, a los niños pobres o minusválidos.

La tercera parte, con un enfoque más práctico, pasa revista a lo que debe ser una familia cristiana —*familia, ¡sé lo que eres!*—. Casi un manual de empleo de la misma. Y en particular, se abordan los que se consideran cometidos generales de la familia.

El primer punto aborda la llamada «Formación de una comunidad de personas» y se dirige de forma breve a la atención y el puesto que tiene cada miembro de la familia: la mujer, los niños, los ancianos...

La comunión primera es la que se instaura y se desarrolla entre los cónyuges; en virtud del pacto de amor conyugal, el hombre y la mujer «no son ya dos, sino una sola carne». Es deber fundamental de la Iglesia reafirmar con fuerza la doctrina de la indisolubilidad del matrimonio; a cuantos, en nuestros días, consideran difícil o incluso imposible vincularse a una persona por toda la vida y a cuantos son arrastrados por una cultura que rechaza la indisolubilidad matrimonial y que se mofa abiertamente del compromiso de los esposos a la fidelidad, es necesario repetir el buen anuncio de la perennidad del amor conyugal que tiene en Cristo su fundamento y su fuerza. El don del sacramento es al mismo tiempo vocación y mandamiento para los esposos cristianos, para que permanezcan siempre fieles entre sí, por encima de toda prueba y dificultad, en generosa obediencia a la santa voluntad del Señor: «Lo que Dios ha unido, no lo separe el hombre».

La comunión familiar exige una pronta y generosa disponibilidad de todos y cada uno a la comprensión, a la tolerancia, al perdón, a la reconciliación.

Dios manifiesta también de la forma más elevada posible la dignidad de la mujer asumiendo Él mismo la carne humana de María Virgen, que la Iglesia honra como Madre de Dios. La Iglesia puede y debe ayudar a la sociedad actual, pidiendo incansablemente que el trabajo de la mujer en casa sea reconocido por todos y estimado por su valor insustituible.

Desgraciadamente el mensaje cristiano sobre la dignidad de la mujer halla oposición en la persistente mentalidad que considera al ser humano no como persona, sino como objeto de compraventa, al servicio del interés egoísta y del solo placer; la primera víctima de tal mentalidad es la mujer. Esta mentalidad produce frutos muy amargos, como el desprecio del hombre y de la mujer, la esclavitud, la opresión de los débiles, la pornografía, la prostitución y todas las diferentes discriminaciones que se encuentran en el ámbito de la educación, de la profesión, de la retribución del trabajo, etc. Además, todavía hoy, en gran parte de nuestra sociedad permanecen muchas formas de discriminación humillante que afectan y ofenden gravemente a algunos grupos particulares de mujeres como, por ejemplo, las esposas que no tienen hijos, las viudas, las separadas, las divorciadas, las madres solteras.

«No eres su amo —escribe san Ambrosio— sino su marido; no te ha sido dada como esclava, sino como mujer...» El amor a la esposa madre y el amor a los hijos son para el hombre el camino natural para la comprensión y la realización de su paternidad.

Debe reservarse una atención especialísima al niño, desarrollando una profunda estima por su dignidad personal, así como un gran respeto y un generoso servicio a sus derechos. Esto vale respecto a todo niño, pero adquiere una urgencia singular cuando el niño es pequeño y necesita de todo, está enfermo, delicado o es minusválido. La Iglesia está llamada a revelar y a proponer en la historia el ejemplo y el mandato de Cristo, que ha querido poner al niño en el centro del Reino de Dios: «Dejad que los niños vengan a mí... que de ellos es el reino de los cielos».

Hay culturas que manifiestan una singular veneración y un gran amor por el anciano; lejos de ser apartado de la familia o de ser soportado como un peso inútil, el anciano permanece inserido en la vida familiar, sigue tomando parte activa y responsable —aun debiendo respetar la autonomía de la nueva familia— y sobre todo desarrolla la preciosa misión de testigo del pasado e inspirador de sabiduría para los jóvenes y para el futuro. Otras culturas, en cambio, especialmente como consecuencia de un desordenado desarrollo industrial y urbanístico, han llevado y siguen llevando a los ancianos a formas inaceptables de marginación, que son fuente a la vez de agudos sufrimientos para ellos mismos y de empobrecimiento espiritual para tantas familias.

La segunda parte toca un punto magnífico y doliente a la vez: el «Servicio a la vida». Inútil decir que la defensa de la vida desde su concepción, regla básica de la Iglesia, será asumida a rajatabla por el pontífice y reiterada, muchas veces contra vientos y mareas muy adversas —una por todas, la abierta polémica que sostuvo contra determinados métodos de ayuda al desarrollo que en la práctica no eran otra cosa que promociones del control de la natalidad en los países subdesarrollados.

La Iglesia cree firmemente que la vida humana, aunque débil y enferma, es siempre un don espléndido del Dios de la bondad. Por esto la Iglesia condena, como ofensa grave a la dignidad humana y a la justicia, todas aquellas actividades de los gobiernos o de otras autoridades públicas que tratan de limitar de cualquier modo la libertad de los esposos en la decisión sobre los hijos. Al mismo tiempo, hay que rechazar como gravemente injusto el hecho de que, en las relaciones internacionales, la ayuda económica concedida para la promoción de los pueblos esté condicionada a programas de anticoncepcionismo, esterilización y aborto procurado.

En cambio, cuando los esposos, mediante el recurso a períodos de infecundidad, respetan la conexión inseparable de los significados unitivo y procreador de la sexualidad humana, se comportan como «ministros» del designio de Dios y «se sirven» de la sexualidad según el dinamismo original de la donación total, sin manipulaciones ni alteraciones.

Entre las condiciones necesarias está también el conocimiento de la corporeidad y de sus ritmos de fertilidad. En tal sentido conviene hacer lo posible para que semejante conocimiento se haga accesible a todos los esposos, y ante todo a las personas jóvenes, mediante una información y una educación clara, oportuna y seria, por parte de parejas, de médicos y de expertos. El conocimiento debe desembocar además en la educación al autocontrol; de ahí la absoluta necesidad de la virtud de la castidad y de la educación permanente en ella.

Ante una cultura que banaliza en gran parte la sexualidad humana, relacionándola únicamente con el cuerpo y el placer egoísta, el servicio educativo de los padres debe basarse sobre una cultura sexual que sea verdadera y plenamente personal. La educación sexual, derecho y deber fundamental de los padres, debe realizarse siempre bajo su dirección solícita, tanto en casa como en los centros educativos elegidos y controlados por ellos.

Los padres cristianos reserven una atención y cuidado especial a la educación para la virginidad, como forma suprema del don de uno mismo que constituye el sentido mismo de la sexualidad humana.

Debe asegurarse absolutamente el derecho de los padres a la elección de una educación conforme con su fe religiosa. El Estado y la Iglesia tienen la obligación de dar a las familias todas las ayudas posibles, a fin de que puedan ejercer adecuadamente sus funciones educativas. Pero como complementario al derecho, se pone el grave deber de los padres de comprometerse a fondo en una relación cordial y efectiva con los profesores y directores de las escuelas.

Las familias cristianas se abran con mayor disponibilidad a la adopción y acogida de aquellos hijos que están privados de sus padres o abandonados por éstos. Mientras esos niños, encontrando el calor afectivo de una familia, pueden experimentar la cariñosa y solícita paternidad de Dios, atestiguada por los padres cristianos, y así crecer con serenidad y confianza en la vida, la familia entera se enriquecerá con los valores espirituales de una fraternidad más amplia.

El tercer punto a examen sigue moviéndose en el terreno práctico, porque aborda la «Participación en el desarrollo de la sociedad y en la vida y misión de la Iglesia». O sea, como poner en práctica todo lo indicado, «de puertas afuera» de la familia, dando testimonio de la propia condición de cristiana.

La función social de las familias está llamada a manifestarse también en la forma de intervención política, es decir, las familias deben ser las primeras en procurar que las leyes y las instituciones del Estado no sólo no ofendan, sino que sostengan y defiendan positivamente los derechos y los deberes de la familia. Las autoridades públicas, convencidas de que el bien de la familia constituye un valor indispensable e irrenunciable de la comunidad civil, deben hacer cuanto puedan para asegurar a las familias todas aquellas ayudas —económicas, sociales, educativas, políticas, culturales— que necesitan para afrontar de modo humano todas sus responsabilidades.

Dentro de una familia consciente de esta misión, todos los miembros de la misma evangelizan y son evangelizados. Los padres no sólo comunican a los hijos el Evangelio, sino que pueden a su vez recibir de ellos este mismo Evangelio profundamente vivido. La absoluta necesidad de la catequesis familiar surge con singular fuerza en determinadas situaciones, que la Iglesia constata por desgracia en diversos lugares, donde una legislación antirreligiosa pretende incluso impedir la educación en la fe, o donde ha cundido la incredulidad o ha penetrado el secularismo hasta el punto de resultar prácticamente imposible una verdadera creencia religiosa. El ministerio de evangelización y catequesis de los padres debe acompañar la vida de los hijos también durante su adolescencia y juventud, cuando ellos, como sucede con frecuencia, contestan o incluso rechazan la fe cristiana recibida en los primeros años de su vida.

Finalmente, se aborda en detalle el tema de la «Pastoral familiar», que volveremos a encontrar varias veces en otros escritos y discursos. Por una parte, se habla de la preparación al matrimonio, como acto fundacional de la familia.

La preparación al matrimonio ha de ser vista y actuada como un proceso gradual y continuo. En efecto, comporta tres momentos principales: la preparación remota, desde la infancia; la preparación próxima, la cual comporta un camino catecumenal que deberá ser integrado por una preparación a la vida en pareja que estimule a profundizar en los problemas de la sexualidad conyugal y de la paternidad responsable, y los encamine a la familiaridad con rectos métodos de educación de los hijos, favoreciendo una ordenada conducción de la familia —trabajo estable, suficiente disponibilidad financiera, sabia administración, nociones de economía doméstica, etc.—; finalmente, la preparación inmediata a la celebración del sacramento del matrimonio en los últimos meses que preceden a las nupcias, como para dar un nuevo significado al llamado examen prematrimonial exigido por el derecho canónico.

Es deseable que las Conferencias Episcopales procuren que se publique un directorio para la pastoral de la familia. En él se deberán establecer ante todo los elementos mínimos de contenido, de duración y de método de los «cursos de preparación», equilibrando entre ellos los diversos aspectos —doctrinales, pedagógicos, legales y médicos— que interesan al matrimonio, y estructurándolos de manera que cuantos se preparen al mismo, además de una profundización intelectual, se sientan animados a inserirse vitalmente en la comunidad eclesial. Sin embargo, tal preparación debe ser propuesta y actuada de manera que su eventual omisión no sea un impedimento para la celebración del matrimonio.

El matrimonio cristiano exige por norma una celebración litúrgica, sencilla y digna, según las normas de las competentes autoridades de la Iglesia, a las que corresponde a su vez asumir eventualmente en la celebración litúrgica aquellos elementos propios de cada cultura que mejor se prestan a expresar el profundo significado humano y religioso del pacto conyugal, con tal de que no contengan algo menos conveniente a la fe y a la moral cristiana.

La decisión del hombre y de la mujer de casarse según este proyecto divino implica realmente, aunque no sea de manera plenamente consciente, una actitud de obediencia profunda a la voluntad de Dios, que no puede darse sin su gracia. Ellos quedan ya por tanto inseridos en un verdadero camino de salvación, que la celebración del sacramento y la inmediata preparación a la misma pueden completar y llevar a cabo, dada la rectitud de su intención.

Es verdad, por otra parte, que en algunos territorios, motivos de carácter más bien social que auténticamente religioso impulsan a los novios a pedir casarse en la iglesia. Esto no es de extrañar. Sin embargo, no se debe olvidar que estos novios, por razón de su bautismo, están ya realmente inseridos en la Alianza esponsal de Cristo con la Iglesia y que, dada su recta intención, han aceptado el proyecto de Dios sobre el matrimonio y consiguientemente acatan lo que la Iglesia tiene intención de hacer cuando celebra el matrimonio. Por tanto, el solo hecho de que en esta petición haya motivos también de carácter social no justifica un eventual rechazo por parte de los pastores.

Por otro, en un impuso de actualización notable por lo que significaba de «ventana abierta» a los nuevos tiempos, la existencia de determinadas situaciones (las define específicamente como «casos difíciles») que se deben manejar con cuidado especial. Se trata de situaciones que en el mundo moderno no tienen nada de excepcional, como los matrimonios con practicantes de otra religión (o de ninguna), parejas de hecho, católicos casados sólo por lo civil, divorciados... Un signo más de que Juan Pablo II hacía todo lo posible por que la Iglesia no se quedara encerrada en la torre de marfil del Vaticano.

En varias partes del mundo se asiste hoy al aumento del número de matrimonios entre católicos y no bautizados. En muchos de ellos, el cónyuge no bautizado profesa otra religión, y sus convicciones deben ser tratadas con respeto; en no pocos otros casos, especialmente en las sociedades secularizadas, la persona no bautizada no profesa religión alguna. Para estos matrimonios es necesario que las Conferencias Episcopales y cada uno de los obispos tomen adecuadas medidas pastorales, encaminadas a garantizar la defensa de la fe del cónyuge católico y la tutela del libre ejercicio de la misma, sobre todo en lo que se refiere al deber de hacer todo lo posible para que los hijos sean bautizados y educados católicamente.

Una situación irregular es la del llamado «matrimonio a prueba» o experimental, que muchos quieren hoy justificar. La Iglesia no puede admitir tal tipo de unión por motivos ulteriores y originales derivados de la fe. Por una parte, el don del cuerpo en la relación sexual es el símbolo real de la donación de toda la persona, que no puede realizarse con plena verdad sin el concurso del amor de caridad dado por Cristo. Por otra parte, el matrimonio entre dos bautizados es el símbolo real de la unión de Cristo con la Iglesia, una unión no temporal o ad experiméntum, sino fiel eternamente; por tanto, entre dos bautizados no puede haber más que un matrimonio indisoluble.

Las uniones libres de hecho son uniones sin algún vínculo institucional públicamente reconocido, ni civil ni religioso. Algunos se consideran como obligados por difíciles situaciones —económicas, culturales y religiosas— en cuanto que, contrayendo matrimonio regular, quedarían expuestos a la pérdida de ventajas económicas, a discriminaciones, etc. En otros, por el contrario, se encuentra una actitud de desprecio, contestación o rechazo de la sociedad, de la institución familiar, de la organización socio-política o de la mera búsqueda del placer. Otros, finalmente, son empujados por condicionamientos debidos a situaciones de verdadera injusticia, o también por una cierta inmadurez psicológica que les hace sentir la incertidumbre o el temor de atarse con un vínculo estable y definitivo.

Es cada vez más frecuente el caso de católicos que, por motivos ideológicos y prácticos, prefieren contraer sólo matrimonio civil, rechazando o, por lo menos, difiriendo el religioso. Su situación no puede

equipararse sin más a la de los que conviven sin vínculo alguno, ya que hay en ellos al menos un cierto
compromiso a un estado de vida concreto y quizá
estable. A pesar de todo, tampoco esta situación es
aceptable para la Iglesia. La acción pastoral tratará
de hacer comprender la necesidad de coherencia
entre la elección de vida y la fe que se profesa, e
intentará hacer lo posible para convencer a estas personas a regular su propia situación a la luz de los
principios cristianos. Aun tratándoles con gran caridad
e interesándoles en la vida de las respectivas comunidades, los pastores de la Iglesia no podrán admitirles
al uso de los sacramentos.

El caso del cónyuge que ha tenido que sufrir el
divorcio, pero que —conociendo bien la indisolubilidad del vínculo matrimonial válido— no se deja impli-
car en una nueva unión, empeñándose en cambio en
el cumplimiento prioritario de sus deberes familiares
y de las responsabilidades de la vida cristiana. En tal
caso su ejemplo de fidelidad y de coherencia cristiana asume un particular valor de testimonio frente al
mundo y a la Iglesia, haciendo todavía más necesaria,
por parte de ésta, una acción continua de amor y de
ayuda, sin que exista obstáculo alguno para la admi-
sión a los sacramentos.

La experiencia diaria enseña, por desgracia, que
quien ha recurrido al divorcio tiene normalmente la
intención de pasar a una nueva unión, obviamente sin
el rito religioso católico. Hay diferencia entre los que sin-

ceramente se han esforzado por salvar el primer matrimonio y han sido abandonados del todo injustamente, y los que por culpa grave han destruido un matrimonio canónicamente válido. Finalmente están los que han contraído una segunda unión en vista a la educación de los hijos, y a veces están subjetivamente seguros en conciencia de que el precedente matrimonio, irreparablemente destruido, no había sido nunca válido.

Exhorto vivamente a los pastores y a toda la comunidad de los fieles para que ayuden a los divorciados, procurando con solícita caridad que no se consideren separados de la Iglesia. Se les exhorte a escuchar la Palabra de Dios, a frecuentar el sacrificio de la Misa, a perseverar en la oración, a educar a los hijos en la fe cristiana, a cultivar el espíritu y las obras de penitencia para implorar de este modo, día a día, la gracia de Dios. La Iglesia, no obstante, reafirma su praxis de no admitir a la comunión eucarística a los divorciados que se casan otra vez, dado que su estado y situación de vida contradicen objetivamente la unión de amor entre Cristo y la Iglesia, significada y actualizada en la eucaristía. Hay además otro motivo pastoral: si se admitieran estas personas a la eucaristía, los fieles serían inducidos a error y confusión acerca de la doctrina de la Iglesia sobre la indisolubilidad del matrimonio.

La reconciliación en el sacramento de la penitencia puede darse únicamente a los que, arrepentidos de haber violado el signo de la Alianza y de la fidelidad a Cristo, están sinceramente dispuestos a una forma de vida que no contradiga la indisolubilidad del matrimonio. Esto lleva consigo concretamente que asumen el compromiso de vivir en plena continencia.

Durante la redacción definitiva de la encíclica, Juan Pablo II no quiso dejar pasar la ocasión para hablar del «particular vínculo que existe entre el trabajo humano y la vida de la familia». En el Angelus del domingo 25 de octubre de 1981, se refirió a un tema eminentemente práctico, como es la necesidad del descanso, de no vivir para trabajar, sino trabajar para vivir. La tan traída y llevada calidad de vida, cuya falta socava muchas veces la convivencia familiar. Y el papa se refirió a ello, recordando su durísima experiencia obrera en la Polonia ocupada.

Desde los orígenes el hombre ha recurrido al trabajo para dominar la tierra y para garantizar la subsistencia propia y de la familia. Las dos finalidades son auténticamente humanas, pero la segunda encierra un contenido evangélico particular. La familia encuentra en el trabajo el apoyo para su desarrollo y para su unión, el factor central que condiciona su vida, la cualifica, le da su ritmo y constituye un elemento de cohesión y estabilidad de la misma.

Por tanto, el trabajo pertenece al ámbito de lo que el hombre ama, de aquello por lo que vive, esto es, pertenece al ámbito del amor. Como dije el año pasado en Francia a los obreros de Saint-Denis, recordando la experiencia de cuando también yo era obrero:

«Conozco el valor que para aquellos hombres, que eran a la vez padres de familia, encerraba su hogar, el porvenir de sus hijos, el respeto debido a sus esposas y a sus madres».

El trabajo, pues, no puede disgregar la familia, sino que, en cambio, debe unirla, ayudarla a reforzarse. ¡Que la familia no se convierta, a causa del trabajo, en un encuentro superficial de seres humanos, en un hotel de paso sólo para las comidas y el descanso!

Una familia, no un hotel. Palabras muy claras y muy actuales.

El 26 de noviembre de 1982, el papa presidió un simposio sobre la Pastoral Familiar en Europa, que debía servir para examinar la *Familiaris Consortio* a un año de su publicación. En un discurso a los participantes, reflexionaba de este modo:

Se trata del plan de Dios sobre el matrimonio y la familia, porque solamente en la fidelidad al mismo se encuentra la salvación de la institución matrimonial y familiar para todos los que se casan. A través del anuncio de la verdad, la Iglesia está llamada a una estima más profunda del amor conyugal, entendido en todas sus dimensiones, a una estima de todas sus riquezas.

Esta exigencia de la verdad concierne tanto a la vida personal de los cónyuges, como a la cultura en la que viven los esposos en Europa. Se debe crear una cultura matrimonial y familiar que realice en la Europa de hoy la identidad humana y cristiana del matrimonio y de la familia.

El segundo objetivo para que la enseñanza de la Iglesia sea acogida por los esposos es ofrecerles los medios necesarios para ayudarles a ponerla en práctica. No hay duda de que los esposos pueden encontrar dificultades no sólo en el plano de la pregunta «¿por qué semejante enseñanza?», sino también cuando se preguntan «¿cómo poner en práctica tal enseñanza?». En este contexto es preciso encuadrar todas las iniciativas encaminadas a ayudar a los cónyuges a profundizar en su vida espiritual.

Es precisamente en la familia donde la persona humana encuentra la primera e irreemplazable escuela para ser verdaderamente humana. Es en la familia donde se da la primera transmisión de la cultura. Y es por lo que le corresponde a ella asegurar la continuidad en el desarrollo histórico de la conciencia y de la cultura de un pueblo.

La *Familiaris Consortio* es, sin duda alguna, la piedra angular de la enseñanza de la Iglesia católica sobre todo cuanto concierne a la familia. Una auténtica enciclopedia que revisa y pone al día la doctrina vaticana sobre este punto. Hubiera bastado con su redacción para asegurar a Juan Pablo II un puesto preeminente en la historia del papado. Y eso que estábamos sólo al principio de un largo y fructífero trayecto en este terreno y en todos los demás.

LOS AÑOS OCHENTA.
EL APOSTOLADO VOLANTE

Tantos viajes que llevábamos hechos con el papa, y los que aún teníamos que hacer, y a mediados de 1982 todavía quedaba sin visitar España. Y no sería porque yo no lo preguntara continuamente: «Santidad, ¿cuándo viene a España?». Mis colegas y parte de la curia ya me tomaban a broma: «Al final va a ir aunque sólo sea para no oírte». Hasta que finalmente se anunció el viaje oficial a España para finales de octubre de aquel año.

Cuántas sensaciones recuerdo aún de aquel viaje. «Santidad, ¡ya verá qué pueblo, mi pueblo!» El fervor popular en Guadalupe reflejo de esa otra Guadalupe mexicana que ya había asombrado a Juan Pablo II, al grito de «Extremadura, te quiere con locura». La clausura del IV Centenario de la muerte de santa Teresa de Jesús en Alba de Tormes. La visita a Ávila al monasterio de La Encarnación y la del convento de San José. La impactante reunión en el Camp Nou de Barcelona, donde el pueblo catalán hizo una demostración de fervor impresionante bajo una lluvia torrencial. El paso por el santuario de la Virgen de Lluch en Valencia, con un recuerdo para los damnificados por el derrumbe de la presa de Tous. La alegría desbordante de Sevilla. El broche final en la basílica de Santiago de Compostela con aquel discurso europeísta «Europa, sé tú misma, vuelve a encontrarte, aviva tus orígenes», al que asistieron los Reyes, y con el que el papa se despidió diciendo «¡Hasta siempre, España! ¡Hasta siempre, tierra de María!»...

Y por supuesto, entre tantos temas, la familia también estuvo presente. Precisamente en la misa dedicada a los laicos, celebrada en Toledo el 4 de noviembre de 1982. De la homilía que tuvo como escenario la Ciudad Imperial, quedémonos con esta reflexión:

De entre los cometidos más apremiantes del apostolado de los seglares pienso concretamente en el testimonio de vida y en el esfuerzo evangelizador que requiere la familia cristiana; que los cónyuges cristianos vivan el sacramento del matrimonio como una participación de la unión fecunda e indisoluble entre Cristo y la Iglesia; que sean los fundadores y animadores de la iglesia doméstica, la familia, con el compromiso de una educación integral ética y religiosa de sus hijos; que abran a los jóvenes los horizontes de las diversas vocaciones cristianas, como un desafío de plenitud a las alternativas del consumismo hedonista o del materialismo ateo.

El viaje a Centroamérica de marzo de 1983 se movió en un ambiente muy cargado. Vivimos instantes de tensión en El Salvador, cuando Juan Pablo II se empeñó (así fue) en rezar ante la tumba de monseñor Óscar Romero. O de confrontación en Guatemala, cuando el gobierno del «iluminado» Efraín Ríos Montt ejecutó a seis rebeldes por los que había intercedido el papa. Pero nada comparable a la visita a la Nicaragua sandinista, que permanece en mi memoria como la más polémica y la más bochornosa de los 104 viajes que afrontaría este pontificado.

Más tranquilas fueron las etapas de Costa Rica y Panamá. Precisamente en el marco de un encuentro con las familias panameñas, Juan Pablo II tuvo ocasión de transmitir abundantemente el parecer de la Iglesia. No sólo el origen del matrimonio y de la familia, como algo querido por Dios y que constituye la base de la sociedad y de la Iglesia misma, sino también el programa de actuación del proyecto divino. Una especie de «modo de empleo» de la familia.

La alianza matrimonial es un misterio de profunda trascendencia; es un proyecto originario del Creador, confiado a la frágil libertad humana. La diferencia sexual permite la complementariedad y comunión fecunda de las personas: «Sed fecundos y multiplicaos; henchid la tierra y sometedla». Dios se ha fiado del hombre; le ha confiado las fuentes de la vida; ha llamado al hombre y a la mujer a colaborar en su obra creadora. Ha grabado para siempre en la conciencia humana su deseo de fecundidad en el marco de una unión exclusiva y estable.

La fórmula de Jesús es solemne y tajante: «Lo que Dios ha unido, no lo separe el hombre». Palabras válidas para todo legítimo contrato matrimonial, especialmente entre los cristianos, para los cuales el matrimonio es un sacramento. No puede, no debe separar la autoridad civil lo que Dios ha sellado. No deben ni pueden separarlo los cónyuges cristianos, que ante el altar han contraído una alianza irrevocable de amor, confirmada por Dios con la gracia sacramental.

Por el contrario, la ruptura de la alianza matrimonial no sólo atenta contra la ley de Dios, sino que bloquea el proceso de madurez, la plena realización de las personas. No es aceptable, por ello, una cierta mentalidad que se infiltra en la sociedad y que fomenta la inestabilidad matrimonial y el egoísmo, en aras de una incondicionada libertad sexual. Incluso cuando aumentan las dificultades, la solución no es la huida, la ruptura del matrimonio, sino la perseverancia de los esposos; la fidelidad conyugal forma y madura; revela las energías del amor cristiano; crea una familia nueva, con la novedad de un amor que ha pasado por la muerte y la resurrección; es la garantía de un ambiente estable para la formación y equilibrio de los hijos.

Un aspecto importante de la vida familiar es el de las relaciones entre padres e hijos. En efecto, la autoridad y la obediencia que se viven en la familia cristiana han de estar empapadas del amor de Cristo y orientadas a la realización de las personas. Para ello, que no falte en las familias la oración en común, según las mejores tradiciones de vuestros pueblos, a fin de ir renovándose constantemente en el bien y en el sentido de Dios.

Y recordad siempre que el cristiano auténtico, aun a riesgo de convertirse en «signo de contradicción», ha de saber elegir bien las opciones prácticas que están de acuerdo con su fe. Por eso habrá de decir no a la unión no santificada por el matrimonio y al divorcio; dirá no a la esterilización, máxime si es impuesta a cualquier persona o grupo étnico por falaces razones; dirá no a la contracepción y dirá no al crimen del aborto que mata al ser inocente.

El cristiano cree en la vida y en el amor. Por eso dirá sí al amor indisoluble del matrimonio, sí a la vida responsablemente suscitada en el matrimonio legítimo, sí a la protección de la vida, sí a la estabilidad de la familia, sí a la convivencia legítima que fomenta la comunión y favorece la educación equilibrada de los hijos, al amparo de un amor paterno y materno que se complementan y se realizan en la formación de hombres nuevos.

Una de las ocasiones favoritas del papa para expresarse sobre la doctrina católica ha sido siempre las visitas *ad limina apostolorum*. O sea, las que los obispos de todo el mundo deben hacer cada cinco años al romano pontífice. Con tal ocasión, el papa ofrece su visión no sólo sobre temas concretos de cada Conferencia Episcopal, sino también en aspectos más amplios de magisterio de la Iglesia. Y estadísticamente se aprecia que es una ocasión propicia para hablar de la familia a quienes, como los obispos, luego deben «volver y vivir en medio de los hombres». Así por ejemplo, sucedió con el episcopado cubano a finales de junio de 1983, donde se aúnan el enfoque abstracto y el concreto, confiando a la familia lo que la educación, por obvios motivos, no puede hacer en Cuba y en muchas otras partes.

Un campo concreto en el que el laicado católico cubano debe hacer sentir su presencia activa es el de la familia, que ha de ser objeto de particular atención por parte de la Iglesia y de cuantos colaboran en el apostolado. La familia sigue siendo, en efecto, un campo de importancia primordial para la Iglesia y para la sociedad, y es a la vez objeto, hoy día, de una crisis que desborda vuestros confines locales.

Ello os llevará a mirar con la debida ponderación el fenómeno del divorcio, por desgracia tan frecuente, que halla sus raíces en la irreflexión ante el matrimonio, en la falta de voluntad de compromiso perseverante, en la separación de los cónyuges por motivos de trabajo, en la escasez de vivienda y otros.

A los tantos daños causados por el divorcio, vienen a sumarse a veces los provocados por la falta de respeto a la vida ya concebida, con grave violación del orden moral, al atentar contra la existencia de seres inocentes; tanto en caso de mujeres casadas como cuando afecta al fruto de relaciones pre y extramatrimoniales.

No menor empeño por parte de vuestras comunidades eclesiales merece la educación en la fe de los niños; y paralelamente también de los adolescentes y jóvenes. Aquí halla un puesto de relieve la misión de la familia, tanto más cuando las condiciones externas no permiten la educación cristiana en otros ambientes, o cuando los niños se ven expuestos a posibles presiones en su horizonte religioso o moral.

En el año 1983, el papa Wojtila convocó el jubileo extraordinario del 1950 aniversario de la Redención, de Pascua a Pascua, con la bula «Abrid las puertas al Redentor». De entre los diez millones de peregrinos, el papa recibió con especial agrado a los jóvenes venidos en abril de 1984 a celebrar durante tres días un jubileo especial para ellos. Y por supuesto, las familias iban a tener también su momento particular, que llegaría el domingo 25 de marzo de 1984, con una misa multitudinaria en la plaza de San Pedro.

Hoy, como Obispo de Roma, deseo invitar de modo particular a las parejas de esposos y a las familias aquí presentes y, por medio de ellas, a todos los esposos y a todas las familias de la Iglesia y del mundo a meditar, a la luz del misterio de la Redención, sobre la dignidad y la grandeza de la vocación de esposos y padres; y a renovar, en este Misterio divino, la gracia del sacramento del matrimonio.

Se puede decir que a través de la civilización contemporánea pasa una vasta ola de discordia con el Creador mismo y con Cristo-Redentor: la discusión sobre la unidad e indisolubilidad del matrimonio, la discordia sobre la santidad e inviolabilidad de la vida humana, las controversias sobre la esencia misma de la libertad, de la dignidad y del amor del hombre. Con el modo de actuar de cada persona, de los matrimonios rotos, de las familias destruidas, de los niños privados de la vida aun antes de nacer y, finalmente, con la voz de la legislación permisiva y de la costumbre, parece preguntar: ¿está o no está el Señor en medio de nosotros?

¿Qué quiere decir renovar la gracia del sacramento del matrimonio? Quiere decir volver a encontrar la verdad sobre el amor de los esposos y de los padres, que tiene su origen en Dios Creador y su definitivo sello sacramental en el Redentor del mundo. El día de vuestro matrimonio os habéis prometido recíprocamente un amor verdadero y total, sin limitaciones ni restricciones. ¿Queréis volver a encontrar hoy la verdad, la pureza de aquel amor? Lo podréis hacer, si sabéis hallar la gracia que Dios os ofrece siempre en el sacramento. Gracias a la oración asidua y fervorosa, vosotros no perderéis nunca la verdad acerca de vuestro amor. Oremos juntos por la victoria de este amor en cada uno de nosotros, en cada matrimonio, en cada familia. De esta victoria depende el futuro de toda la familia humana.

Mientras tanto, el Pontificio Consejo para la Familia continuaba su labor. En la asamblea plenaria celebrada en mayo de 1984, dedicada a la preparación al matrimonio cristiano, el papa se dirige a ponentes y asistentes:

Muchas veces he manifestado mi convicción personal de que «el futuro de la humanidad se fragua en la familia». Pero se puede ir más lejos y afirmar que el futuro de la familia se fragua en su adecuada preparación.

Sin embargo, todos sabemos que, para los esposos, la decisión de tener hijos y educarlos no es siempre fácil, y a menudo comporta sacrificios. La Iglesia es consciente de ello con realismo, y su enseñanza sobre la paternidad responsable se dirige a las parejas casadas para ayudarlas a tomar una decisión libre, consciente y mutua sobre el espaciamiento de los nacimientos y la extensión de la familia. Conviene que su decisión se apoye sobre la base de métodos moralmente aceptables de espaciamiento o limitación de nacimientos, sobre lo que la Iglesia tiene el derecho y el deber de hablar. Por otra parte, la función de los gobiernos y de las organizaciones internacionales es la de ayudar a las parejas casadas, creando un orden socioeconómico que favorezca la vida de la familia, el nacimiento y la educación de los hijos, a fin de que las parejas puedan valorar convenientemente sus deberes y capacidades.

Los hijos, al crecer, entran en un período particularmente importante, delicado y difícil de su educación. La necesaria conquista de la propia identidad lleva a los adolescentes a una autoafirmación, que con frecuencia va acompañada por la tentación de adoptar una actitud de contestación a la autoridad de los padres. Precisamente en esta edad se produce el fascinante descubrimiento del otro sexo y se acentúa la influencia de los elementos extrafamiliares en la vida del adolescente, sobre todo de los medios de comunicación social, de los grupos de amigos, de la escuela. Todo esto hace más difícil, pero no por esto menos importante, la acción educadora de los padres, que cultive un vínculo profundo con el joven, adecuado en la forma y en el estilo a su edad y a sus características personales.

La escuela y los padres deben ayudarse recíprocamente en la tarea educadora del niño y del adolescente, también en lo que se refiere a la educación para el amor y el matrimonio. Pero no podemos olvidar que muchos muchachos y muchachas frecuentan escuelas no católicas, en las cuales con frecuencia no reciben una orientación adecuada al respecto, o reciben una enseñanza y palpan un ambiente que no les ayudan a formarse una visión cristiana del amor, de la sexualidad y del matrimonio.

La inseguridad ante el futuro no debería disminuir nuestra alegría y esperanza en los niños. Ahora más que nunca, debemos reafirmar nuestra confianza en el valor del niño, y en las aportaciones que los niños de hoy pueden ofrecer a toda la familia humana...

En una Audiencia General de principios de septiembre de 1984, Juan Pablo II volvió a tomar literalmente «el toro por los cuernos» hablando de un tema que está siempre en la mente de todos cuando se menciona la familia, pero ante el que se guarda un silencio que para algunos es discreción y para otros hipocresía: la práctica de la regulación de la natalidad.

La calificación de «natural», que se atribuye a la regulación moralmente recta de la fertilidad, se explica con el hecho de que el relativo modo de comportarse corresponde a la verdad de la persona y, consiguientemente, a su dignidad. El concepto de regulación moralmente recta de la fertilidad no es sino la relectura del «lenguaje del cuerpo» en la verdad. Hay que tener presente que el «cuerpo habla» no sólo con toda la expresión externa de la masculinidad y feminidad, sino también con las estructuras internas del organismo. Todo ello debe tener el lugar que le corresponde en el lenguaje con que dialogan los cónyuges en cuanto personas llamadas a la comunión en la «unión del cuerpo».

La *Humanae vitae* subraya en varias ocasiones que la «paternidad responsable» está vinculada a un esfuerzo y tesón continuos. En el caso de la «paternidad responsable», o sea, de la regulación de la fertilidad moralmente recta, se trata de lo que es el bien verdadero de las personas humanas y de lo que corresponde a la verdadera dignidad de la persona.

El recurso a los «períodos infecundos» en la convivencia conyugal puede ser fuente de abusos si los cónyuges tratan así de eludir sin razones justificadas la procreación, rebajándola a un nivel inferior al que es moralmente justo, de los nacimientos en su familia. La «paternidad responsable» de ningún modo va enderezada unilateralmente a la limitación y, menos aún, a la exclusión de la prole; supone también la disponibilidad a acoger una prole más numerosa.

Pocos días después, el 16 de octubre de 1984, el papa tuvo ocasión de dirigirse en un discurso a los comités nacionales de la Unicef reunidos en Roma. La infancia, como sinónimo de los seres más desprotegidos, será otro de los temas en la «agenda permanente» de Juan Pablo II.

Sin subestimar la urgencia de los problemas que pretenden asegurar la supervivencia de los niños, su tarea puede conducirles más allá, hasta poder llegar a ofrecer a todos los niños del mundo la posibilidad de un genuino desarrollo físico, moral y espiritual, desde el principio de su vida hacia adelante. En este contexto es de suma importancia el papel de la familia, y especialmente el de la madre. Ya saben que el futuro desarrollo humano del niño está vinculado a la salud de la madre, ya desde el momento en que tiene lugar la concepción, durante el embarazo y en los primeros años del desarrollo del niño. Conocen el valor de un ambiente familiar fuerte y amoroso, en el que padre y madre, hermanos, hermanas y parientes contribuyan a ayudar al niño a adquirir su identidad personal, cultural y religiosa.

No es posible trabajar por el bien del niño sin estar al mismo tiempo entre la vanguardia de quienes trabajan por la familia, ayudando a todas las familias a ser conscientes del potencial que está a su disposición para la formación de personas maduras, que serán la fuerza de la sociedad del mañana.

La familia constituye algo más que una mera unidad jurídica, social y económica; constituye una comunidad de amor y solidaridad, adecuada como ninguna otra institución para enseñar y transmitir valores culturales, éticos, sociales, espirituales y religiosos, esenciales para el desarrollo y bienestar de sus propios miembros y de la sociedad. Cualquier violación de los derechos de la familia, cualquier política que conduzca al debilitamiento de la institución de la familia, no puede llevar a un progreso verdaderamente humano y cultural.

Y el jueves 15 de noviembre de 1984, durante la visita *ad limina* de los obispos paraguayos, el santo padre se congratulaba con ellos por la celebración del Año Nacional de la Familia.

Si muchas veces he tenido que mostrar mi preocupación ante ataques contra la familia, hoy os expreso mi satisfacción por esta iniciativa pastoral. Muchas y loables son las iniciativas puestas en marcha con motivo del Año de la Familia. Quiero subrayar por mi parte la atención a las familias de escasos recursos y el empeño en difundir la doctrina familiar de la Iglesia. Os aseguro a la vez mi oración, para que el Señor suscite copiosos frutos pastorales en favor de todas las familias paraguayas y que cada una de ellas sea en verdad una comunidad más cristiana y humana.

Durante la santa misa celebrada en el peruano parque de Miraflores el 31 de enero de 1985, en el marco de su viaje apostólico a Venezuela, Ecuador, Perú y Trinidad y Tobago, Juan Pablo II lanzaba un nuevo alegato a favor del amor conyugal, recurriendo nada menos que a las palabras del apóstol viajero:

El don recíproco de los esposos, tanto a nivel físico como espiritual, adquiere de ahí su verdadera, grande e indestructible importancia —incluso desde el punto de vista humano— como compromiso total del hombre y de la mujer para toda la vida, hasta la muerte; y de esta globalidad brotan también las exigencias de la fecundidad responsable. Por eso sólo es posible esta donación dentro del matrimonio, en la comunidad de vida y amor querida por Dios.

La unión conyugal es una alianza que tiene como modelo el pacto de comunión de amor entre Dios y su pueblo en la historia de la salvación, con un vínculo de fidelidad del que arranca su naturaleza, su fuerza y su indisolubilidad; es más, ella tiene como modelo la unión esponsal entre Cristo y su Iglesia, en la economía sacramental del Nuevo Testamento, de modo que los esposos, perteneciéndose el uno al otro, son su verdadera imagen, su «signo» elocuente, su representación real.

Y, al mismo tiempo, en la Carta a los Colosenses, el Apóstol nos da la imagen verdaderamente evangélica de la vida de la familia cristiana: el amor recíproco, «por encima de todo esto, el amor, que es ceñidor de la unidad consumada»; la obediencia y el respeto de los maridos hacia las esposas, de las esposas a los maridos, de los padres a los hijos, de los hijos a los padres; la comprensión mutua, «sobrellevaos mutuamente y perdonaos... el Señor os ha perdonado, haced vosotros lo mismo»; la delicadeza del verdadero amor, «sea vuestro uniforme la misericordia entrañable, la bondad, la humildad, la dulzura, la comprensión».

Con ocasión del Año Internacional de la Juventud, el 31 de marzo de 1985, Domingo de Ramos, Juan Pablo II dio a conocer su «Carta apostólica a los jóvenes y a las jóvenes del mundo». Estoy segura de que fue un cometido grato, como siempre lo fue para Karol Wojtila el hablar por y para los jóvenes. En cada viaje, como es sabido, siempre había un momento para reunirse con ellos, y al correr los años, cuando las fuerzas del pontífice fueron haciéndose cada vez más justas, el protocolo vaticano situaba estratégicamente esos encuentros para que el papa sacara de ellos una recarga de fuerzas, y siempre sucedía así.

Naturalmente, en ocasión tan señalada no podía faltar una referencia a la familia, y más en concreto al matrimonio, al «Gran sacramento esponsal», como lo definió.

Deseo dirigir la atención junto con vosotros, jóvenes destinatarios de la presente Carta, hacia el problema que, en cierto sentido, se encuentra en el centro de la juventud de todos vosotros. Dios ha creado al ser humano hombre y mujer, introduciendo con esto en la historia del género humano aquella particular «duplicidad» con una completa igualdad, si se trata de la dignidad humana, y con una complementariedad maravillosa, si se trata de la división de los atributos, de las propiedades y las tareas, unidas a la masculinidad y a la feminidad del ser humano.

La juventud es el período en el que este gran tema invade, de forma experimental y creadora, el alma y el cuerpo de cada muchacho o muchacha. Entonces, también en el horizonte de un corazón joven se perfila una experiencia nueva: la experiencia del amor, que desde el primer instante pide ser esculpido en aquel proyecto de vida, que la juventud crea y forma espontáneamente.

Emprender el camino de la vocación matrimonial significa aprender el amor esponsal, día tras día, año tras año; el amor según el alma y el cuerpo, el amor que «es longánimo, es benigno, que no busca lo suyo... todo lo excusa»; el amor, que «se complace en la verdad», el amor que «todo lo tolera».

Hoy los principios de la moral cristiana matrimonial son presentados de modo desfigurado en muchos ambientes. Se intenta importar a sociedades enteras un modelo que se autoproclama «progresista y moderno». No se advierte entonces que en este modelo el ser humano, y sobre todo quizá la mujer, es transformado de sujeto en objeto de una manipulación específica, y todo el gran contenido del amor es reducido a mero «placer». El niño, que es fruto y encarnación nueva del amor de los dos, se convierte cada vez más en «una añadidura fastidiosa». La civilización materialista y consumista penetra en este maravilloso conjunto del amor conyugal —paterno y materno—, y lo despoja de aquel contenido profundamente humano que desde el principio llevó una señal y un reflejo divino.

¡Queridos jóvenes amigos! ¡No os dejéis arrebatar esta riqueza! No grabéis un contenido deformado, empobrecido y falseado en el proyecto de vuestra vida: el amor «se complace en la verdad». Si es necesario, sed decididos en ir contra la corriente de las opiniones que circulan y de los slogans propagandísticos. No tengáis miedo del amor, que presenta exigencias precisas al hombre.

Del viaje apostólico a la India, que tuvo lugar en febrero de 1986, conservo mil y una anécdotas, de todos los colores. La madre Teresa solía decir que el día más feliz de su vida fue cuando tuvo entonces la oportunidad de servir de guía a Juan Pablo II por los rincones de su casa de acogida en Calcuta. Las autoridades indias intentaron en vano ocultar en lo posible aquella realidad sangrante, pero Juan Pablo II sabía bien adónde venía y a quién debía buscar, y entró por la parte más pobre de la ciudad bengalí, hasta la Casa de los Moribundos de las Misioneras de la Caridad. Aquella jornada, el santo padre se detuvo al lado de cada uno de los 120 enfermos terminales que se hallaban allí, mientras la madre Teresa traducía al bengalí sus palabras y sus bendiciones. Hay quien vio lágrimas en los ojos del papa.

En el parque Shivaji de Bombay, el domingo 9 de febrero de 1986, el santo padre celebró una misa, cuya

Karol Wojtila con pocos meses de edad en brazos de su madre.

El papa en su juventud cuando formaba parte del grupo de teatro en el que era actor.

Karol Wojtila con sus padres. Su madre moriría poco después, dejando en el futuro papa un recuerdo imborrable.

Juan Pablo II firma unos documentos en presencia del cardenal Ratzinger.

Juan Pablo II en el momento de impartir la sagrada comunión a los miembros de una familia.

Aspecto de la plaza de San Pedro con motivo de uno de los encuentros de las familias con Juan Pablo II.

Salida al balcón de San Pedro minutos después del *Habemus Papam*, primer saludo como Benedicto XVI.

Primer encuentro del papa Benedicto XVI con los jóvenes en Colonia, Alemania.
Encuentro que había sido planificado por Juan Pablo II.

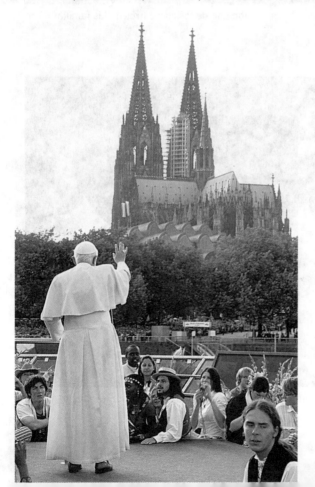

homilía reflejó una meditación y oración centradas en la familia:

La familia es la primera comunidad llamada a la paz, y la primera comunidad que hace la llamada a la paz: paz y fraternidad entre individuos y pueblos. Esperamos que un gran clamor por la paz y la fraternidad se eleve desde esta pequeña y básica célula de la sociedad. Este grito deberá llegar a todos los grupos; deberá llegar a la familia de cada nación y finalmente a la gran familia de todas las naciones del mundo.

Al entregarse el hombre y la mujer uno a otro, consagran a Dios sus almas y sus cuerpos para que de esta unión pueda desarrollarse una comunidad familiar completa, una comunión de amor y vida. Maridos y mujeres reciben esta comunión como un don, un don que tienen el deber de profundizar y ampliar. A través de la transmisión responsable de la vida, aceptarán gozosamente a los hijos como un signo de fecundidad y como un don de Dios. Por el nacimiento de un niño, que requiere un mayor amor de sacrificio, descubren su propia unión, que se profundiza y se amplía para incluir a otros. En las palabras de vuestro sabio indio Rabindranath Tagore, se reconoce esta verdad: «Cada niño que nace / trae consigo el mensaje / de que Dios no ha perdido fe en la humanidad».

Vemos en las aseveraciones de Mahatma Gandhi ciertas semejanzas. Mientras él afirma que «el acto generativo debe ser controlado para el crecimiento ordenado de la humanidad», se hacía esta pregunta: «¿Cómo se ha de conseguir la suspensión de la procreación?». Y contestaba: «No por medios inmorales o artificiales..., sino por medio de una vida de disciplina y de autocontrol». Y añadía: «Los resultados morales sólo pueden conseguirse con medios morales». Ésta, queridos hermanos y hermanas, es la profunda convicción de la Iglesia.

Más aún, es función de la familia en todas partes y en cualquier sociedad proclamar que toda vida humana es sagrada desde el momento de su concepción. Es deber de la humanidad rechazar cualquier cosa que hiera, debilite o destruya la vida humana, cualquier cosa que ofenda la dignidad de un ser humano.

Antes que nada, para poder desarrollarse apropiadamente, la familia necesita una atmósfera social de paz y fraternidad que proteja sus derechos. Por otra parte, la familia hoy día se encuentra bajo una enorme tensión debido a ciertas tendencias de la sociedad moderna, al desarrollo acalorado y a otras presiones. La familia se enfrenta con riesgos de fragmentación y con el quebrantamiento de la autoridad. Los padres se encuentran en dificultad para transmitir valores auténticos a sus hijos. El crecimiento rápido de la urbanización trae consigo barriadas superpobladas, problemas de vivienda y un mayor índice de desempleo o subempleo: todo esto tiene efectos negativos en la familia.

La bien conocida oposición de la Iglesia a los males morales que afectan a la familia y a la vida matrimonial se debe a su profunda convicción de que dichos males son contrarios al plan de Dios para la humanidad y violan la sacralidad del matrimonio, así como los valores de la vida humana.

A finales de 1986, fue el turno de los obispos españoles de ser recibidos en visita *ad limina*. Y a su vez, fue ocasión para el papa de demostrar que seguía muy de cerca la evolución de la sociedad y de la familia española.

En verdad, el presente de vuestro país y de vuestras diócesis requiere que la acción evangelizadora se oriente en modo particular hacia ciertos sectores de la vida civil y cristiana que requieren una particular atención pastoral. Quiero hacer especial referencia a la familia y a la escuela, ya que ambos constituyen las verdaderas raíces de la educación y, por consiguiente, la fuente más honda de la identidad de las personas. La familia es hoy un baluarte acosado por fuerzas e ideologías diversas. Frente a esa ofensiva hay que presentar con autenticidad y gallardía el ideal de la familia cristiana, basado en la unidad y en la fidelidad del matrimonio, abierto a la fecundidad y organizado sobre el respeto a una diversidad de funciones de papeles que se armonizan en la convivencia dominada por el amor. ¿Cómo no ponderar con vosotros y ante vosotros la defensa de la vida que tiene en la familia su primer y principal santuario? Conozco vuestros reiterados pronunciamientos sobre la ilicitud del aborto y os exhorto, con todos los fieles que tenéis encomendados, a no desistir en la defensa de la vida frente a todas las fuerzas que pretenden sembrar desolación y muerte.

Para cuando el santo padre emprendió su viaje apostólico a Uruguay, Chile y Argentina, en abril de 1987, la misa para las familias se había convertido en una cita casi fija en cada desplazamiento de envergadura del «Vaticano volante». Así habló Karol Wojtila desde el aeropuerto de Santiago de Chile, con motivo de la correspondiente homilía:

Vuestras legítimas preocupaciones por los hijos, las alegrías, dificultades y renuncias anejas a la convivencia, y, en general, a toda la vida de familia, encuentran en la eucaristía una fuente de luz. En efecto, el misterio del amor esponsal de Cristo penetra más y más en cada persona que recibe asiduamente el sacramento de la eucaristía. Entre vosotros, esposos, y Cristo existe ya la comunión de amor indisoluble por medio del sacramento del matrimonio, con el que ha sido sellado vuestro hogar para convertirse en célula fundamental de la sociedad humana y cristiana.

Es verdad que son muchos los problemas que hoy se plantean a esta institución básica. Las funciones de la familia cristiana, cuya esencia es la caridad, sólo puede realizarse si se vive plenamente la verdad. La familia es el lugar más sensible donde todos podemos poner el termómetro que nos indique cuáles son los valores y contravalores que animan o corroen la sociedad de un determinado país.

La función social de las familias está llamada a manifestarse también en la forma de «intervención política», es decir, las familias deben ser las primeras en procurar que las leyes y las instituciones del Estado no sólo no ofendan, sino que sostengan y defiendan positivamente los derechos y los deberes de la familia. En este sentido las familias deben crecer en la conciencia de ser protagonistas de la llamada «política familiar», y asumirse la responsabilidad de transformar la sociedad.

Habéis de ser creadores de hogares, de familias unidas por el amor y formadas en la fe. No os dejéis invadir por el contagioso cáncer del divorcio que destroza la familia, esteriliza el amor y destruye la acción educativa de los padres cristianos. No separéis lo que Dios ha unido.

Frente a una «mentalidad contra la vida», que quiere conculcarla desde sus albores, en el seno materno, vosotros, esposos y esposas cristianos, promoved siempre la vida, defendedla contra toda insidia, respetadla y hacedla respetar en todo momento. Sólo de este respeto a la vida en la intimidad familiar, se podrá pasar a la construcción de una sociedad inspirada en el amor y basada en la justicia y en la paz entre todos los pueblos.

Mientras tanto, el Pontificio Consejo para la Familia continuaba su labor y su andadura. En mayo de 1987 celebraba su V asamblea plenaria, que resultaba así ocasión para reflexionar sobre la sacramentalidad del matrimonio y la espiritualidad conyugal y familiar. Juan Pablo II no dejó de hacerlo notar en su discurso a la asamblea, centrado precisamente sobre este tema.

En nuestras sociedades existen bastantes miserias que no se puede desconocer, especialmente las que afectan a los esposos tentados de separarse o ya separados, a los hijos de padres separados, a los jóvenes tentados de entregarse a experiencias sin preocuparse del compromiso del matrimonio, que es el único que justificaría su unión íntima. A todos éstos hay que ayudarles y prepararles para descubrir el designio maravilloso de Dios sobre sus vidas como un camino, sembrado de pruebas y dificultades, pero nunca privado de la gracia divina y de la esperanza.
Si se ayuda a los esposos a lograr una mejor calidad de vida humana y una mayor perfección cristiana, el hecho de descubrir las bases de una mejor capacidad de entrega entre los esposos y para con los hijos, de dar a sus vidas motivaciones válidas de orden natural y cristiano, puede transformar un horizonte sombrío de dificultades en un panorama de esperanza,

que se apoya sobre la ascesis, la conquista y el dominio de sí, con la ayuda de Dios.

La fuente y medio original de santificación propia para los cónyuges y para la familia cristiana es el sacramento del matrimonio, que presupone y especifica la gracia santificadora del bautismo. La espiritualidad conyugal brota de la misma docilidad al Espíritu Santo que ha conformado a los esposos en su ser. El matrimonio, que corresponde al designio de Dios, se enraíza en la naturaleza humana. Promover una espiritualidad conyugal cristiana ignorando en todo o en parte las auténticas exigencias naturales sería deformar el valor natural del matrimonio y su aspecto de sacramento cristiano.

Los esposos y hogares cristianos que realizan su misión construyen la Iglesia, en el interior de la propia familia y afuera, en la sociedad. La construyen además cuando esta comunión íntima de cuerpos y espíritu fructifica de modo responsable en hijos a quienes se transmite una auténtica formación humana y cristiana; cuando el amor al cónyuge y a los hijos sigue manteniéndose fiel, no obstante la tentación de infidelidad o abandono; y en fin, cuando no existiendo quizá razones humanas para amar, se sigue amando con la fuerza de Cristo.

Los años pasaban y seguía el caminar de Juan Pablo II por todo el mundo. Los años y las tribulaciones dejaban su huella en el cuerpo, pero su espíritu nunca dio señales de debilidad, ni para el mundo que lo escuchaba ni para quienes lo veíamos más de cerca.

Volvía el santo padre a Uruguay, y en el Estadio Centenario de la capital, Montevideo, celebró una multitudinaria eucaristía, donde se contenía una nueva exhortación a las familias uruguayas, donde se mezclaba la exaltación de la santa misa y el ánimo más terrenal para los esposos ante la aventura del matrimonio. Fue el sábado 7 de mayo de 1988.

Padres y madres de familia: vosotros que amáis a vuestros hijos, tened presente que también debéis cuidar la vida que Cristo les ha dado en el Bautismo. Atendiendo a su preparación para la primera comunión, debéis acompañarlos a la Santa Misa dominical y preocuparos después para que continúen su formación de cristianos. En la Santa Misa del domingo, que encuentra en la asistencia a la parroquia su expresión más genuina, cada familia hallará la fortaleza interior necesaria para afrontar con renovada fe y esperanza las dificultades inevitables, propias de nuestra condición de criaturas. Yo quisiera que éste fuera un fruto de mi visita pastoral a vuestro país: que todas las familias uruguayas sean fieles en acudir a la fuente de gracia que es la Santa Misa.

¡No tengáis miedo a los hijos que puedan venir, ellos son el don más precioso del matrimonio! Si queréis hacer de vuestro matrimonio un testimonio de verdadero amor y construir una nación próspera, no os neguéis a traer muchos invitados al banquete de la vida.

De la realización del plan de Dios sobre el matrimonio y la familia sólo pueden seguirse beneficios y bendiciones para la sociedad. Por eso, es necesario que también la legislación civil relativa al matrimonio y la familia no ponga obstáculos, sino que tutele los derechos de los individuos y de las familias, potenciando una política familiar que no penalice la fecundidad, sino que la proteja.

Las circunstancias nada fáciles del momento actual podrían provocar un cierto temor o escepticismo en los jóvenes que se preparan para el matrimonio: las dificultades del momento presente y la incidencia de opiniones equivocadas sembradoras de confusión y desorientación les llevan a dudar si lograrán mantenerse mutuamente fieles durante toda la vida; las dificultades laborales y económicas les hacen ver el futuro con ansiedad; tienen miedo del mundo al que se verán enfrentados sus hijos.

Es cierto que en el camino de la vida conyugal y familiar se presentan dificultades. ¡Siempre las ha habido! Pero estad seguros de que no os faltará nunca la necesaria ayuda del cielo para superarlas. ¡Sed fieles a Cristo y seréis felices! ¡Sed fieles a la enseñanza de la Iglesia y estaréis unidos por un amor siempre mayor! ¡La fidelidad no se ha pasado de moda! Podéis estar seguros de que son las familias verdaderamente cristianas las que harán que nuestro mundo vuelva a sonreír.

EN MARCHA HACIA EL AÑO 2000.
LA CARTA A LAS FAMILIAS

La década de los noventa se abría con nuevas incógnitas. Algo tan aparentemente inconmovible y permanente como la división del mundo en dos bloques acababa de desvanecerse y el mundo tenía que aprender la lección desde el principio. Si la respuesta totalitaria había fracasado, la pregunta —la explotación del hombre por el hombre— seguía pendiente y exigiendo solución. Karol Wojtila había vivido ese combate muy de cerca, a veces peligrosamente cerca y pagando con su persona. Y precisamente por ello, sabía que la Iglesia no podía ni debía rehuir el debate, sino reclamar una posición principal en el mismo. Y por supuesto, también la cuestión familiar debía examinarse a la luz de los nuevos tiempos.

Ya con motivo del *Angelus* del 30 de diciembre de 1990, Juan Pablo II llama en su ayuda a Leon XIII, el padre de la doctrina social de la Iglesia, contenida en la ya centenaria encíclica *Rerum Novarum*, sobre el indispensable —más bien obligatorio— apoyo que el Estado, cualquier Estado, debe prestarle y no sólo con buenas palabras o eslóganes electorales:

La familia es una institución que tiene su fundamento en la ley natural: de allí el derecho de la familia a adquirir los bienes económicos necesarios para su mantenimiento, de allí la prioridad de los derechos de la familia sobre la sociedad civil y el Estado en lo que atañe al matrimonio y la educación de los hijos; y de allí la función de apoyo que el Estado debe desempeñar con respecto a la familia. Si el hombre, si la familia, al entrar a formar parte de la sociedad civil, no encontraran en el Estado ayuda, sino ofensa y no encontraran tutela, sino disminución de sus propios derechos, sería mejor rechazar que desear la convivencia civil...

Se trata de un enfoque eminentemente práctico de la cuestión familiar, que no es nuevo en un pontífice hondamente preocupado por la cuestión social, y que conoce de cerca las estrecheces de hogares humildes. Tendrá ocasión de repetirlo un año después, en un foro particularmente bien preparado para oír esas palabras. Será en la misma Roma, pero con un marco distinto del Vaticano. Con motivo de la XXVI Conferencia General de la FAO —la Organización de las Naciones Unidas para la Alimentación y la Agricultura, cuya sede permanente está en la Ciudad Eterna, a pocos metros de las milenarias Termas de Caracalla—, el santo padre dirigirá un discurso a los participantes, el 14 de noviembre de 1991, que tiene poco del tono conciliador y burocrático que tantas veces ofrecen los foros internacionales.

Es importante tener presente que los proyectos encaminados a eliminar el hambre deben estar en armonía con el derecho fundamental de las parejas a fundar y mantener una familia. Cualquier iniciativa que busque incrementar las reservas mundiales de alimento atacando la santidad de la familia o interfiriendo en el derecho de los padres de decidir el número de sus hijos acabaría por oprimir a la raza humana en vez de estar a su servicio. En lugar de prohibir a los pobres nacer, es preciso elaborar programas que sean de verdad eficaces para promover el aumento de los recursos alimenticios, de forma que los pobres puedan participar también ahora en los bienes materiales que necesitan para mantener a sus familias, y se les ofrezca el adiestramiento y la asistencia necesarios para producir ellos mismos esos bienes mediante su propio trabajo.

1994 será un año particular en la agenda familiar. En sintonía con la iniciativa promovida por la Organización de las Naciones Unidas, la Iglesia da inicio al año de la Familia. La inauguración eclesial de ese año se realiza a finales de diciembre de 1993, con la eucaristía celebrada por el legado pontificio en Nazaret durante la fiesta litúrgica de la Sagrada Familia. El miércoles siguiente, durante la Audiencia General, Juan Pablo II vuelve a uno de sus argumentos predilectos en el tema. El paralelismo con Jesús, José y María y las enseñanzas que de ese reflejo deben sacar quienes afrontan la complicada, pero maravillosa, aventura familiar.

La Iglesia se siente invitada a orar por todas las familias amenazadas desde dentro o desde fuera. Es preciso orar con insistencia por todas las madres y todos los padres, para que sean fieles a su vocación y sean dignos de la confianza que Dios deposita en ellos al encomendarles el cuidado de sus hijos.

La Sagrada Familia de Nazaret es para nosotros un desafío permanente, que nos obliga a profundizar el misterio de la iglesia doméstica y de toda familia humana. En la experiencia de comunión a que está llamada la familia ve un reflejo, en el tiempo, de la comunión trinitaria y sabe bien que el matrimonio cristiano no es sólo una realidad natural, sino también el sacramento de la unidad esponsal de Cristo con su Iglesia. Benditas las familias que sepan comprender y realizar este proyecto originario y maravilloso de Dios, caminando por las sendas marcadas por Cristo.

En este discurso, además, Juan Pablo II anuncia la inminente publicación de una Carta para el Año de la Familia, que se publicará dentro de poco tiempo. Y efectivamente, el 2 de febrero del año 1994, fiesta de la Presentación del Señor, aparece otro de los documentos fundamentales del pontificado del papa Wojtila: la Carta a las Familias.

Recuerda en su preámbulo como «entre los numerosos caminos, la familia es el primero y el más importante» porque todos venimos al mundo dentro de una familia, y cuando nos alejamos de ella, es normalmente para fundar una nueva. Y cuanto sea importante en el plan divino que Dios quiso «entrar en la historia de los hombres a través de una familia», la formada por José y María.

Una idea, sobre todas, se halla presente en la Carta, y es el papel fundamental que la familia y sus miembros deben jugar en la que el santo padre llama e invoca insistentemente «la civilización del amor».

Cuando el hombre y la mujer, en el matrimonio, se entregan y se reciben recíprocamente en la unidad de «una sola carne», la lógica de la entrega sincera entra en sus vidas. Cuando transmiten la vida al hijo, un nuevo «tú» humano se inserta en la órbita del «nosotros» de los esposos. En el recién nacido se realiza el bien común de la familia.

En aquel momento, los esposos pueden convertirse en padre y madre, iniciando el proceso de una nueva existencia humana que después se desarrollará en el seno de la mujer. Aunque es la mujer la primera que se da cuenta de que es madre, el hombre con el cual se ha unido en «una sola carne» toma a su vez conciencia, mediante el testimonio de ella, de haberse convertido en padre. El hombre debe reconocer y aceptar el resultado de una decisión que también ha sido suya. No puede ampararse en expresiones como «no sé», «no quería», «lo has querido tú». La unión conyugal conlleva en cualquier caso la responsabilidad del hombre y de la mujer, responsabilidad potencial que llega a ser efectiva cuando las circunstancias lo imponen.

Ahora bien, la lógica de la entrega total del uno al otro implica la potencial apertura a la procreación: el matrimonio está llamado así a realizarse todavía más plenamente como familia. Ciertamente, la entrega recíproca del hombre y de la mujer no tiene como fin solamente el nacimiento de los hijos, sino que es, en sí misma, mutua comunión de amor y de vida. La persona jamás ha de ser considerada un medio para alcanzar un fin, jamás, sobre todo, un medio de «placer».

La familia depende por muchos motivos de la civilización del amor, en la cual encuentra las razones de su ser como tal. Y al mismo tiempo, la familia es el centro y el corazón de la civilización del amor. Para convencerse de ello, basta examinar ciertos programas de educación sexual, introducidos en las escuelas, a menudo contra el parecer y las protestas de muchos padres; o bien las corrientes abortistas, que en vano tratan de esconderse detrás del llamado «derecho de elección» —*pro choice*— por parte de ambos esposos, y particularmente por parte de la mujer. Éstos son sólo dos ejemplos de los muchos que podrían recordarse.

La civilización del amor evoca la alegría: alegría,

entre otras cosas, porque un hombre viene al mundo y, consiguientemente, porque los esposos llegan a ser padres. Civilización del amor significa «alegrarse con la verdad», pero una civilización inspirada en una mentalidad consumista y antinatalista no es ni puede ser nunca una civilización del amor.

Ciertamente contrario a la civilización del amor es el llamado «amor libre», tanto o más peligroso porque es presentado frecuentemente como fruto de un sentimiento «verdadero», mientras de hecho destruye el amor. ¡Cuántas familias se han disgregado precisamente por el «amor libre»!

Sin embargo, el amor no es una utopía: ha sido dado al hombre como un cometido que cumplir con la ayuda de la gracia divina. Ha sido encomendado al hombre y a la mujer, en el sacramento del matrimonio, como principio frontal de su «deber», y es para ellos el fundamento de su compromiso recíproco: primero, el conyugal; y luego, el paterno y materno. En la celebración del sacramento, los esposos se entregan y se reciben recíprocamente, declarando su disponibilidad a acoger y educar la prole.

El «nosotros» de los padres, marido y mujer, se desarrolla por medio de la generación y de la educación, en el «nosotros» de la familia, que deriva de las generaciones precedentes y se abre a una gradual expansión. A este respecto, desempeñan un papel singular, por un lado, los padres de los padres y, por otro, los hijos de los hijos.

La paternidad divina, según san Pablo, es el modelo originario de toda paternidad y maternidad en el cosmos especialmente de la maternidad y paternidad humanas. Los padres son los primeros y principales educadores de sus propios hijos. Comparten su misión educativa con otras personas e instituciones, como la Iglesia y el Estado. Sin embargo, esto debe hacerse siempre aplicando correctamente el principio de subsidiariedad. Esto implica la legitimidad e incluso el deber de una ayuda a los padres, pero encuentra su límite intrínseco e insuperable en su derecho prevalente y en sus posibilidades efectivas.

Uno de los campos en los que la familia es insustituible es ciertamente el de la educación religiosa, gracias a la cual la familia crece como «iglesia doméstica». La educación religiosa y la catequesis de los hijos sitúan a la familia en el ámbito de la Iglesia como un verdadero sujeto de evangelización y de apostolado. Se trata de un derecho relacionado íntimamente con el principio de la libertad religiosa.

¡Ninguna sociedad humana puede correr el riesgo del permisivismo en cuestiones de fondo relacionadas con la esencia del matrimonio y de la familia! Una nación verdaderamente soberana y espiritualmente fuerte está formada siempre por familias fuertes, conscientes de su vocación y de su misión en la historia.

La familia misma es el gran misterio de Dios. Como «iglesia doméstica», es la esposa de Cristo. La Iglesia universal, y dentro de ella cada Iglesia particular, se manifiesta más inmediatamente como esposa de Cristo en la «iglesia doméstica» y en el amor que se vive en ella: amor conyugal, amor paterno y materno, amor fraterno, amor de una comunidad de personas y de generaciones. ¿Acaso se puede imaginar el amor humano sin el esposo y sin el amor con que él amó primero hasta el extremo?

La separación entre espíritu y cuerpo en el hombre ha tenido como consecuencia que se consolide la tendencia a tratar el cuerpo humano no según las categorías de su específica semejanza con Dios, sino según las de su semejanza con los demás cuerpos del mundo creado, utilizados por el hombre como instrumentos de su actividad para la producción de bienes de consumo. Pero todos pueden comprender inmediatamente como la aplicación de tales criterios al hombre conlleva enormes peligros. Cuando el cuerpo humano, considerado independientemente del espíritu y del pensamiento, es utilizado como un material al igual que el de los animales —esto sucede, por ejemplo, en las manipulaciones de embriones y fetos—, se camina inevitablemente hacia una terrible derrota ética.

Unívoca y categórica es la Ley de Dios respecto a la vida humana. Dios manda: «No matarás». Desgraciadamente, esto ha sucedido en la historia de nuestro siglo, cuando han llegado al poder, de manera incluso democrática, fuerzas políticas que han emanado leyes contrarias al derecho de todo hombre a la vida, en nombre de presuntas y aberrantes razones eugenésicas, étnicas o parecidas. Un fenómeno no menos grave, incluso porque consigue vasta conformidad o consentimiento de opinión pública, es el de las legislaciones que no respetan el derecho a la vida desde su concepción. ¿Cómo se podrían aceptar moralmente unas leyes que permiten matar al ser humano aún no nacido, pero que ya vive en el seno materno? El derecho a la vida se convierte, de esta manera, en decisión exclusiva de los adultos, que se aprovechan de los mismos parlamentos para realizar los propios proyectos y buscar sus propios intereses.

A la familia está confiado el cometido de luchar ante todo para liberar las fuerzas del bien, cuya fuente se encuentra en Cristo, redentor del hombre. Es preciso que dichas fuerzas sean tomadas como propias por cada núcleo familiar, para que, como se dijo con ocasión del milenio del cristianismo en Polonia, la familia sea «fuerte de Dios».

Por supuesto, en aquel año 1994 el Consejo Pontificio para la Familia estaba en el centro de las miradas. El 24 de marzo se abrió su XI asamblea plenaria, bajo el tema: «La mujer, esposa y madre, en la familia y en la sociedad en los umbrales del tercer milenio». Y allí estaba Juan Pablo II para marcar los trabajos de la reunión con su discurso inaugural, que a algunos pudieron parecer inusualmente escuetos, y que en cambio eran extremadamente precisos.

Fijarnos en el papel primordial de la mujer como esposa y madre es situarla en el corazón de la familia; una función insustituible que ha de ser apreciada y reconocida como tal, y que va unida a la especificidad misma de ser mujer. Ser esposa y madre son dos realidades complementarias en esa original comunión de vida y de amor que es el matrimonio, fundamento de la familia.

No faltan quienes ponen en tela de juicio la misión de la mujer en la célula básica de la sociedad, que es la familia. La Iglesia defiende, pues, con especial vigor a la mujer y su dignidad eminente. Se encuentran, además, en distintas partes, actitudes e intereses que inciden en una menor estima de la maternidad, si es que no le son adversas abiertamente, por considerarla perjudicial a las exigencias de la producción o del rendimiento competitivo en el seno de la sociedad industrial. Por otra parte, son innegables las dificultades que el trabajo de la mujer fuera del hogar comporta para la vida familiar, especialmente, por lo que se refiere al cuidado y educación de los hijos, sobre todo los de tierna edad.

Por otra parte, el trabajo de la mujer en el hogar ha de ser justamente estimado, también en su innegable valor social. Es éste un campo en el cual los responsables de las instancias políticas, los legisladores, los empresarios deben presentar iniciativas aptas para responder adecuadamente a estas exigencias, como exhorta la Iglesia en su doctrina social.

Por otra parte, la mujer tiene derecho al honor y al gozo de la maternidad, como un regalo de Dios, y, a su vez, los hijos tienen también el derecho a los cuidados y solicitud de quienes son sus progenitores, en particular de sus madres. Por ello, las políticas familiares han de tener en cuenta la situación económica de muchas familias que se ven condicionadas y limitadas gravemente para cumplir su misión.

No faltó el «fuera de programa» en aquel año tan cargado, y llegó en una forma tan inesperada como indeseada. El 29 de abril, producto de una caída, se fracturó el fémur. Hicieron falta dos horas de quirófano para sustituir la cabeza dañada del hueso por una prótesis, y aunque los médicos hablaban de una rápida recuperación, la verdad es que ésta tardó bastante en considerarse completa, y me queda el recuerdo de las fatigas que pasó el pontífice durante el posterior viaje a Croacia.

A pesar de todos los pesares, en octubre de aquel año asistimos al primer Encuentro Mundial con las Familias, una cita que era producto del impulso de aquel año —«en la Iglesia y en la sociedad ha llegado la hora de la familia», dijo el papa por entonces—, y que desde entonces se ha convertido en una fecha fija en el calendario pontificio, como comprobaremos en directo dentro de pocas fechas en Valencia.

El 8 de octubre de 1994 asistimos a la primera intervención pública de un santo padre en un foro específicamente dedicado a la familia en la que ésta fuera la principal invitada. Era otro de los esfuerzos de Juan Pablo II por sacar a la calle los asuntos importantes, para que la gente supiera lo que pensaba la Iglesia, y para que la Iglesia pensara en lo que vivía la gente.

Así lo dijo Juan Pablo II en su discurso a las familias y peregrinos que asistieron ese día a la plaza de San Pedro. Y fue un discurso tanto más sentido cuanto el mismo pontífice lo calificó de «improvisación, porque es verdad que tengo aquí unos papeles, pero la mitad de mi discurso ha sido improvisado, dictado por el corazón, y elaborado durante muchos días en la oración».

Cierta tendencia que se manifestó en la reciente Conferencia de El Cairo sobre población y desarrollo y en otros encuentros realizados los meses pasados, así como algunos intentos, llevados a cabo en las sedes parlamentarias, de alterar el sentido de la familia privándola de su referencia natural al matrimonio, han demostrado cuán necesarios han sido los pasos dados por la Iglesia para defender la familia y su misión indispensable en la sociedad.

Frente a la degradación cultural y social del momento, y ante la difusión de plagas como la violencia, la droga, el crimen organizado, ¿qué mejor garantía de prevención y de rescate que una familia unida, sana moralmente y comprometida en la vida civil? En esas familias es donde se forman las personas en las virtudes y en los valores sociales de solidaridad, acogida, lealtad y respeto a los demás y a su dignidad.

Este Año de la Familia constituye, ciertamente, una etapa importante en la preparación del gran jubileo del año 2000. Cada familia trae una luz, y cada familia es una luz. Es una luz, un faro, que debe iluminar el camino de la Iglesia y del mundo en el futuro, hacia el final de este milenio, y también después, mientras Dios permita que este mundo exista.

Queridos esposos, queridos padres, la comunión del hombre y la mujer en el matrimonio, como sabéis, responde a las exigencias propias de la naturaleza humana y es, a la vez, reflejo de la bondad divina, que se manifiesta como paternidad y maternidad. La gracia sacramental del bautismo y de la confirmación, así como del matrimonio, ha derramado una ola fresca y poderosa de amor sobrenatural en vuestro corazón. Es un amor que brota del interior de la Trinidad, de la que la familia humana es imagen elocuente y viva. Se trata de una realidad sobrenatural que os ayuda a santificar las alegrías, afrontar las dificultades y los sufrimientos, a superar las crisis y los momentos de cansancio; en una palabra, es para vosotros manantial de santificación y fuerza para la entrega.

Al día siguiente, 9 de octubre, durante la eucaristía, Juan Pablo II fue menos espontáneo, pero igualmente profundo, y lleno de poesía.

El Obispo de Roma os saluda hoy en la plaza de San Pedro, con ocasión de la solemne eucaristía que estamos celebrando. Ésta es la eucaristía del Año de la Familia.

Hoy, todos los que, mediante su maternidad o su paternidad, se asocian al misterio de la creación, profesan a «Dios, Padre todopoderoso, creador...». Profesan a Dios como Padre, porque a él deben su maternidad o paternidad humana. Y, profesando su fe, se confían a este Dios, «de quien toma nombre toda familia en el cielo y en la tierra», por la gran tarea que les corresponde personalmente como padres: la labor de educar a los hijos. Ser padre, ser madre, significa comprometerse en educar. Y educar quiere decir también generar, generar en el sentido espiritual.

Creemos en Jesucristo, que, en cuanto Redentor, es el Esposo de la Iglesia, como nos enseña san Pablo en la carta a los Efesios. Sobre este amor esponsal se fundamenta el sacramento del matrimonio y de la familia en la nueva alianza.

Creemos en el Espíritu Paráclito, en aquel que da la vida, y es «Señor y dador de vida». ¿No es acaso él quien ha injertado en vuestros corazones ese amor que os permite estar juntos como marido y mujer, como padre y madre, para el bien de esta comunidad fundamental que es la familia?

Sólo gracias al Espíritu Santo su amor logrará afrontar los deberes, tanto de marido y mujer como de padres. Precisamente el Espíritu Santo «infunde» este amor en los corazones humanos. Es un amor noble y puro. Es un amor fecundo. Es un amor que da la vida. Un amor bello.

Hermanos y hermanas, familias: ¡qué inmenso es el misterio del que habéis llegado a participar! ¡Qué profundamente se une mediante la Iglesia vuestra paternidad y vuestra maternidad!¡Queridos padres y queridas madres, con la eterna paternidad del mismo Dios!

¿Acaso no es necesario, ya en vísperas del tercer milenio, que nos esforcemos en vivir este año particular, el Año de la Familia, en semejante perspectiva de salvación?

Las últimas palabras de esta homilía reiteraban el confesado objetivo de los próximos años, y diría que de todo el pontificado de Karol Wojtila: «En vísperas del tercer milenio». La cita con la que Juan Pablo II se preparaba y preparaba la Iglesia.

EL GRAN JUBILEO DEL AÑO 2000

En la primavera de 1989, Juan Pablo II puso su particular «hipoteca» sobre el año 2000: introducir a la Iglesia en el tercer milenio. Así se lo había dicho tiempo atrás su amigo y maestro, el mítico cardenal Wyzcinski.

Muchos dudaban de que lograra llegar al punto clave de su pontificado, dado el paulatino declive físico del «atleta de Dios», acuciado por tantos golpes en su salud y un síndrome de Parkinson inexorable. Desde luego, por él no iba a quedar. Y sin descuentos, continuó su actividad misionera con tanto ímpetu como su maltrecho cuerpo se lo permitía, siempre con el año 2000 en su horizonte.

Creo que, desde un cierto punto de vista, todos los actos de este pontífice pueden ser leídos con ese mensaje de fondo, casi una obsesión. Un mensaje que se hace particularmente insistente desde este momento y que no se detendrá ya hasta su conclusión.

El dossier familiar sigue, sin embargo, en primera página constante para Karol Wojtila. Así lo volvemos a encontrar en su mensaje para la Cuaresma de 1997, de forma clara y concreta.

La casa es el lugar de la comunión familiar, el hogar doméstico donde del amor entre marido y mujer nacen los hijos y aprenden las costumbres de la vida y los valores morales y espirituales fundamentales, que harán de ellos los ciudadanos y cristianos del mañana. En la casa, el anciano y el enfermo encuentran una atmósfera de cercanía y de afecto que ayuda a soportar los días del sufrimiento y del desgaste físico.

Sin embargo, ¡cuántos son, por desgracia, los que viven lejos del clima de calor humano y de acogida propio del hogar! Pienso en los refugiados, en los prófugos, en las víctimas de las guerras y de las catástrofes naturales, así como en las personas sometidas a la llamada emigración económica. Y ¿qué decir de las familias desahuciadas o de las que no logran encontrar una vivienda, del ingente número de ancianos a los cuales las pensiones sociales no les permiten obtener un alojamiento digno a un precio justo? Son situaciones penosas que generan a veces otras auténticas calamidades como el alcoholismo, la violencia, la prostitución o la droga.

La familia, como célula fundamental de la sociedad, tiene pleno título a disponer de un alojamiento adecuado como ambiente de vida, para que le sea posible vivir una auténtica comunión doméstica. La Iglesia defiende este derecho fundamental y es consciente de que debe colaborar para que tal derecho sea efectivamente reconocido.

En otra ocasión he recordado que Karol Wojtila, en su juventud allá en Wadovice, fue un discreto futbolista —menos que discreto, a juzgar por lo que contaba uno de sus amigos de infancia: «Karol era un chico estupendo, pero como portero era un desastre»—. Estoy segura de que, aun en sus días de guardameta, se le pasó alguna vez por la cabeza el sueño de una tarde de gloria en un gran estadio. Y por ironías de la vida, el 4 de octubre de 1997, todos estaban pendientes de él en un escenario tan mítico como el estadio brasileño de Maracaná de Río de Janeiro. Porque tal fue el marco de su discurso durante el encuentro con las familias brasileñas. Un discurso a veces «duro», pero muy real y actual, con un recuerdo emocionado para la madre Teresa.

¡No es verdad que los esposos, como si fueran esclavos condenados a su propia fragilidad, no pueden permanecer fieles a su entrega total, hasta la muerte! El Señor, que os llama a vivir en la unidad de «una sola carne», unidad de cuerpo y alma, unidad de la vida entera, os da la fuerza para una fidelidad que ennoblece y hace que vuestra unión no corra el peligro de una traición, que priva de la dignidad y de la felicidad e introduce en el hogar división y amargura, cuyas principales víctimas son los hijos.

Lanzo esta invitación a cuantos trabajan en la edificación de una nueva sociedad en la que reine la civilización del amor: defended, como don precioso e insustituible, ¡don precioso e insustituible!, vuestras familias; protegedlas con leyes justas que combatan la miseria y el azote del desempleo y que, a la vez, permitan a los padres que cumplan con su misión. ¿Cómo pueden los jóvenes crear una familia si no tienen con qué mantenerla? La miseria destruye la familia, impide el acceso a la cultura y a la educación básica, corrompe las costumbres, daña en su propia raíz la salud de los jóvenes y los adultos. ¡Ayudadlas! En esto se juega vuestro futuro.

Las sociedades que se despreocupan de la infancia son inhumanas e irresponsables. Los hogares que no educan íntegramente a sus hijos, que los abandonan, cometen una gravísima injusticia, de la que deberán rendir cuentas ante el tribunal de Dios. Sé que no pocas familias, a veces, son víctimas de situaciones que las superan.

Acoged a vuestros hijos con amor responsable; defendedlos como un don de Dios, desde el instante en que son concebidos, en que la vida humana nace en el seno de la madre; que el crimen abominable del aborto, vergüenza de la humanidad, no condene a los niños concebidos a la más injusta de las ejecuciones: la de los seres humanos más inocentes. ¡Cuántas veces escuchamos de labios de la madre Teresa de Calcuta esta proclamación del inestimable valor de la vida desde su concepción en el seno materno y contra cualquier acto de supresión de la vida! La muerte ha hecho enmudecer esos labios, pero el mensaje de la madre Teresa en favor de la vida sigue más vibrante y convincente que nunca.

Antes de que termine el año 1997, Juan Pablo II insistirá claramente en su discurso a favor de la familia y de la vida. Será en el *Angelus* del domingo inmediatamente posterior a la Navidad, el 28 de diciembre.

La familia es el fundamento y la salvaguardia de una sociedad verdaderamente libre y solidaria. No podemos menos de subrayar también aquí la urgencia de tutelar y promover sus auténticos derechos. En efecto, en muchos lugares sufre ataques y afronta desafíos. Pienso, por ejemplo, en las persistentes amenazas que se ciernen sobre la vida de tantas familias: la miseria, el desempleo, la falta de vivienda, la mentalidad contraria al don de la vida, más aún, a veces favorable incluso a la eliminación de la vida con el aborto y la eutanasia, y el individualismo que ignora o convierte al otro en instrumento y es el origen de tantas soledades que afligen a la sociedad actual, como la de muchos ancianos relegados a vivir fuera de su casa y sin el cariño de la familia. Junto a estos fenómenos tan preocupantes, son más graves aún las amenazas que atentan directamente contra la estructura de la familia y desfiguran su fisonomía y su papel en la sociedad.

La Unión Internacional de las Familias de Schönstatt será en los próximos años uno de los «invitados» más frecuentes en el Vaticano, como signo de la preocupación del pontífice. De los discursos que el santo padre les dirige, se deduce fácilmente el placer que suponían estas visitas y la lección que de ellas traía. Así fue, por ejemplo, el viernes 17 de abril de 1998:

Me rodean diversas generaciones, padres e hijos, jóvenes y ancianos. Vuestra presencia es una prueba de la vitalidad de la familia. Vuestra comunidad viva demuestra, más que muchos discursos, que existen hoy numerosos matrimonios y familias cristianas bien consolidados.

En este plan divino la familia no sólo encuentra su identidad, o sea, lo que «es», sino también su misión, es decir, lo que puede y debe «hacer». Por eso, la decisión de una persona de vivir en matrimonio y en familia es una respuesta a la llamada personal de Dios.

En la familia rige la ley de la comunión y la reciprocidad: hombre y mujer, padres e hijos, hermanos y hermanas se consideran recíprocamente don de Dios y se transmiten la vida y el amor. En la familia conviven los sanos y los enfermos. Los jóvenes y los ancianos se ayudan. Se trata de colaborar en la solución de los problemas. Cada uno se percibe en su singularidad y, al mismo tiempo, se siente unido a los demás por la relación que tiene con ellos.

Sin muchas palabras, se transmiten experiencias fundamentales, como la alegría de vivir, la confianza, la gratitud y la solidaridad, sobre las cuales cada uno desarrollará las sucesivas enseñanzas en la fe. Esto se logra mejor cuando la vida de la familia constituye una Iglesia en pequeño. La iglesia doméstica necesita formas en las que pueda vivir: la oración común; una cultura del domingo, que sea algo más que un día libre; y el cultivo de las tradiciones religiosas, que encierran la sabiduría profunda y el amor auténtico al prójimo, sin el cual el testimonio cristiano carece de fuerza.

También las organizaciones familiares italianas son bienvenidas en San Pedro. Así lo fueron el sábado 27 de junio de 1998 los representantes del foro de las Asociaciones Familiares Católicas de Italia, con una alocución bastante «combativa».

La mayor parte de los italianos cree profundamente en la familia y en sus valores, y esta confianza es compartida por las generaciones jóvenes. Es incalculable la contribución que las familias dan a la vida social, afrontando graves dificultades, como el difundido desempleo juvenil y las carencias del sistema asistencial y sanitario.

Y, sin embargo, la familia recibe poca ayuda a causa de la debilidad e improvisación de las políticas familiares, que con demasiada frecuencia no la sostienen de modo adecuado, ni económica ni socialmente. La seria disminución de la natalidad que afecta desde hace muchos años al pueblo italiano, y que está comenzando a tener consecuencias negativas en la vida social, debería hacer reflexionar sobre cuánto perjudica a los verdaderos intereses de la nación la ausencia de una política familiar efectiva.

Pero más preocupante aún es el ataque directo a la institución familiar que se está llevando a cabo tanto a nivel cultural como en el ámbito político, legislativo y administrativo. En efecto, es clara la tendencia a equiparar la familia con otras formas muy diferentes de convivencia, prescindiendo de fundamentales consideraciones de orden ético y antropológico. Y son igualmente explícitas y actuales las tentativas de atribuir categoría de ley a formas de procreación que prescinden del vínculo conyugal y no tutelan suficientemente los embriones. Además, sigue abierta en toda su trágica gravedad la herida en la conciencia moral y jurídica causada por la ley sobre el aborto voluntario.

Sería un error considerar la progresiva disolución de la familia como un fenómeno inevitable, que acompaña casi automáticamente el desarrollo económico y tecnológico. Al contrario, el destino de la familia está confiado, ante todo, a la conciencia y al compromiso responsable de cada uno, a las convicciones y a los valores que viven dentro de nosotros.

El testimonio de la comunidad cristiana en favor de la familia se expresa, de manera significativa, a través de aquellos medios de comunicación social que saben intervenir con claridad en el debate cultural y político, proponiendo y motivando ideas y posiciones genuinamente conformes con la naturaleza y las obligaciones de la institución familiar.

También son evidentes, en este campo, las responsabilidades de los políticos. Por consiguiente, en ningún caso el legislador que quiera trabajar en sintonía con la recta conciencia moral puede contribuir a la elaboración de leyes que contrasten con los derechos esenciales de la familia fundada en el matrimonio.

No pasó mucho tiempo sin que estas observaciones «políticas» o «militantes» —con todas las comillas del caso, por supuesto— pudieran ser dirigidas a las instancias más directamente interesadas. Más concretamente al alcalde y a los concejales del ayuntamiento de Roma, que fueron los destinatarios del discurso de Juan Pablo II pronunciado el sábado 6 de febrero de 1999, del que podemos quedarnos con este párrafo:

Pienso, ante todo, en la situación de las familias y en sus perspectivas concretas de vida. Como en otras metrópolis, también aquí los vínculos familiares reciben desgraciadamente cada vez menos apoyo en el conjunto del ámbito social, a causa del anonimato y de la soledad en que se encuentran efectivamente numerosas familias. Es importante que no las dejemos solas en el momento en que afrontan esas condiciones, que a veces son realmente difíciles y preocupantes.

A vosotros, que tenéis responsabilidades directas en el gobierno de la ciudad, os pido que pongáis el mayor empeño en asegurar, especialmente a las familias jóvenes que se van formando, condiciones concretas para una sana vida familiar, comenzando por la disponibilidad de viviendas e iniciativas para el apoyo de las familias y para la educación de los hijos. En particular, cuidad de que no falten en los barrios estructuras de acogida para la infancia, escuelas y servicios sociales.

La XV asamblea plenaria del Consejo Pontificio para la Familia se abrió el viernes 4 de junio de 1999, ya en claras vísperas del Año Santo, y no deja de notarse en el discurso de apertura del papa:

El tema de la paternidad, que habéis elegido para esta plenaria, hace referencia al tercer año de preparación para el gran jubileo, dedicado precisamente al Padre de nuestro Señor Jesucristo.

Desde hace algún tiempo se están repitiendo los ataques contra la institución familiar. Se trata de atentados tanto más peligrosos e insidiosos cuanto que ignoran el valor insustituible de la familia fundada en el matrimonio. Se llega a proponer falsas alternativas a ella y se solicita su reconocimiento legislativo. Pero cuando las leyes, que deberían estar al servicio de la familia, bien fundamental para la sociedad, se dirigen contra ella, adquieren una alarmante capacidad destructora.

Las «uniones de hecho» se caracterizan por la precariedad y la falta de un compromiso irreversible, que engendre derechos y deberes y respete la dignidad del hombre y de la mujer. Por el contrario, se quiere dar valor jurídico a una voluntad alejada de toda forma de vínculo definitivo. Con esas premisas, ¿cómo se puede esperar una procreación realmente responsable, que no se limite a dar la vida, sino que incluya también la formación y la educación que únicamente la familia puede garantizar en todas sus dimensiones?

Es muy importante para los niños nacer y ser educados en un hogar formado por padres unidos en una alianza fiel. Se pueden imaginar otras formas de relación y de convivencia entre los sexos, pero ninguna de ellas constituye, a pesar del parecer contrario de algunos, una auténtica alternativa jurídica al matrimonio, sino más bien una debilitación del mismo. Lo que falta en las convivencias no matrimoniales es, en definitiva, la apertura confiada a un futuro para vivir juntos, que corresponde al amor activar y fundar, y que es tarea específica del derecho garantizar.

Además, cuando las «uniones de hecho» reivindican el derecho a la adopción, muestran claramente que ignoran el bien superior del niño y las condiciones mínimas que le son debidas para una adecuada formación. Por otra parte, las «uniones de hecho» entre homosexuales constituyen una deplorable distorsión de lo que debería ser la comunión de amor y de vida entre un hombre y una mujer, en una recíproca entrega abierta a la vida.

Pocos días después, casi como para tomar impulso antes del gran salto del jubileo, el papa viajó a su amada Polonia. En Sandomierz, el sábado 12 de junio de 1999, también tuvo unas palabras para la familia polaca, extrapolables a toda familia cristiana.

Es preciso que la familia tome una firme actitud de defensa de su hogar, de defensa de la dignidad de toda persona. Proteged vuestra familia contra la pornografía, que hoy invade, bajo diversas formas, la conciencia del hombre, especialmente de los niños y los jóvenes. Defended la pureza de las costumbres en vuestro hogar y en la sociedad. La educación en la pureza es una de las grandes tareas de la evangelización que hemos de realizar. Cuanto más pura sea la familia, tanto más sana será la nación. Y nosotros queremos seguir siendo una nación digna de su nombre y de su vocación cristiana.

Juan Pablo II mantuvo siempre una relación muy especial con el presidente de la República Italiana, Carlo Azeglio Ciampi. Existía entre ambos algo más que una estima mutua, que sólo las formas institucionales podían atenuar; se diría que fluía una corriente de humana simpatía bajo los discursos oficiales, como el pronunciado por el santo padre en vísperas del jubileo, el 19 de octubre de 1999.

Es preciso tutelar la vida desde la concepción, y proteger, con amor y dignidad, su evolución natural. Nace y crece en la familia, célula fundamental en la que se apoya la nación, y merece ser ayudada cada vez mejor, con oportunas intervenciones, para que cumpla su función social esencial. Después está la escuela, que debe ser libre y abierta al crecimiento moral e intelectual de las generaciones jóvenes.

Y ya «en capilla» jubilar, en la Audiencia General del miércoles 1 de diciembre de 1999, aún hay tiempo para un recordatorio familiar, y cómo deben las familias abordar la inminente cita del Año Santo.

Para una adecuada preparación al gran jubileo no puede faltar en la comunidad cristiana un serio compromiso de redescubrimiento del valor de la familia y del matrimonio. Ese compromiso es tanto más urgente, cuanto que este valor hoy es puesto en tela de juicio por gran parte de la cultura y de la sociedad.

Es la concepción misma de la familia, como comunidad fundada en el matrimonio entre un hombre y una mujer, la que se ataca en nombre de una ética relativista que se abre camino en amplios sectores de la opinión pública e incluso de la legislación civil.

La crisis de la familia se transforma, a su vez, en causa de la crisis de la sociedad. No pocos fenómenos patológicos —como la soledad, la violencia y la droga— se explican, entre otras causas, porque los núcleos familiares han perdido su identidad y su función. Donde cede la familia, a la sociedad le falla su entramado de conexión, con consecuencias desastrosas que afectan a las personas y, especialmente, a los más débiles: niños, adolescentes, minusválidos, enfermos, ancianos...

Asimismo, el hijo debe considerarse como la expresión máxima de la comunión del hombre y de la mujer, o sea, de la recíproca acogida-donación que se realiza y se trasciende en un «tercero», en el hijo precisamente. El hijo es la bendición de Dios. Transforma al marido y a la mujer en padre y madre.

La Puerta Santa de la basílica de San Pedro se abriría la noche de Navidad de 1999 y se cerraría el día de Reyes del 2001. Entre medias, las grandes ceremonias del Año Santo, los jubileos especiales de varios colectivos, ceremonias en diversos ritos cristianos —armenio, caldeo, etiópico, mozárabe, bizantino...—, jornadas de estudio, congresos, celebraciones en las siete basílicas jubilares, un Sínodo, varias beatificaciones y canonizaciones, innumerables visitas de personalidades mundiales. Y por supuesto, los viajes.

Y sin embargo, a pesar de los achaques, los años y las enfermedades, Juan Pablo II afrontó aquel calendario que hubiera asustado a cualquier hombre en plenitud de sus fuerzas. Era el punto culminante de su misión y se consagró a ella con renovados bríos asombrando al mundo entero, empezando por quienes lo teníamos más cerca.

De todos los jubileos de aquel año singular, me impresionó por supuesto la Jornada Mundial de la Juventud, donde dos millones de jóvenes de todo el mundo se volcaron sobre Roma, en una pacífica avalancha veraniega, como en una inmensa vacación de hermandad mundial, que llenó hasta lo inverosímil el campus de Tor Vergata, donde el papa entró llevando, o llevado, de la mano a un grupo de jóvenes, cada uno representando a un continente. «Sois los centinelas del tercer milenio, sois los custodios del mañana.»

Naturalmente, había también un jubileo dedicado a las familias, que prometía ser una nueva fiesta, desarrollada durante un fin de semana. Comenzó con el encuentro del santo padre con las familias, celebrado en la plaza de San Pedro, el sábado 14 de octubre de 2000. El tema era en sí mismo una brisa de esperanza: «Los hijos:

primavera de la familia y de la sociedad», y Juan Pablo II se lanzó con brío en un tema tan querido para él.

¿No son precisamente los hijos quienes «examinan» continuamente a los padres? No sólo lo hacen con sus frecuentes «¿por qué?», sino también con su rostro, unas veces sonriente y otras velado por la tristeza. «Mamá, papá, ¿me queréis? ¿Soy de verdad un don para vosotros? ¿Me acogéis por lo que soy? ¿Os esforzáis por buscar siempre mi verdadero bien?»

Los hijos son «primavera»: ¿qué significa esta metáfora elegida para vuestro jubileo? Nos remite al horizonte de vida, de colores, de luz y de canto, típico de la estación primaveral. Naturalmente, los hijos son todo esto. Son la esperanza que sigue floreciendo, un proyecto que se inicia continuamente, el futuro que se abre sin cesar. Al estar necesitados de todo, en especial durante las primeras fases de su existencia, constituyen naturalmente una llamada a la solidaridad. No por casualidad Jesús invitó a sus discípulos a tener corazón de niño.

Por desgracia, como bien sabemos, la situación de los niños en el mundo no es siempre como debería ser. En muchas regiones y, paradójicamente, sobre todo en los países de mayor bienestar, traer al mundo un hijo se ha convertido en una elección realizada con gran perplejidad, más allá de la prudencia que exige obligatoriamente una procreación responsable. Se diría que a veces a los hijos se les ve más como una amenaza que como un don.

¿Y qué decir del otro triste escenario de la infancia ultrajada y explotada, sobre la que también llamé la atención en la Carta a los niños?

Pero vosotros estáis aquí, esta tarde, para testimoniar vuestra convicción, basada en la confianza en Dios, de que es posible cambiar esta tendencia. Estáis aquí para una «fiesta de la esperanza», haciendo vuestro el «realismo» operante de esta virtud cristiana fundamental.

¿Acaso la plaga del divorcio no perjudica ya excesivamente a los niños? ¡Qué triste es para un niño tener que resignarse a compartir su amor con padres enfrentados entre sí! Muchos hijos llevarán para siempre el trauma psíquico de la prueba a la que los ha sometido la separación de sus padres.

Ante tantas familias rotas, la Iglesia no se siente llamada a expresar un juicio severo e indiferente, sino más bien a iluminar los numerosos dramas humanos con la luz de la palabra de Dios, acompañada por el testimonio de su misericordia. Con este espíritu la pastoral familiar procura aliviar también las situaciones de los creyentes que se han divorciado y se han vuelto a casar.

No están excluidos de la comunidad, al contrario, están invitados a participar en su vida, recorriendo un camino de crecimiento en el espíritu de las exigencias evangélicas.

En nuestro tiempo, el reconocimiento de los derechos del niño ha experimentado un indudable progreso, pero sigue siendo motivo de aflicción la negación práctica de estos derechos, como lo manifiestan los numerosos y terribles atentados contra su dignidad. Es preciso vigilar para que el bien del niño se ponga por encima de todo, comenzando desde el momento que se desea tener un hijo. La tendencia a recurrir a prácticas moralmente inaceptables en la generación pone de relieve la mentalidad absurda de un «derecho al hijo», que ha usurpado el lugar del justo reconocimiento de un «derecho del hijo» a nacer y después a crecer de modo plenamente humano. Al contrario, ¡cuán diversa y digna de apoyo es la práctica de la adopción! Un verdadero ejercicio de caridad, que antepone el bien de los hijos a las exigencias de los padres.

Expreso mi vivo deseo de que tanto los Gobiernos y los Parlamentos nacionales, como las organizaciones internacionales y, en particular, la Organización de las Naciones Unidas, reconozcan esta verdad. A todos los hombres de buena voluntad que creen en estos valores les pido que unan eficazmente sus esfuerzos, para que prevalezcan en la realidad de la vida, en las orientaciones culturales y en los medios de comunicación social, en las opciones políticas y en las legislaciones de los pueblos.

A vosotras, queridas madres, que tenéis en vuestro interior un instinto incoercible de defender la vida, os dirijo un llamamiento apremiante: ¡sed siempre fuentes de vida, jamás de muerte! A vosotros juntos, padres y madres, os digo: habéis sido llamados a la altísima misión de cooperar con el Creador en la transmisión de la vida, ¡no tengáis miedo a la vida! Proclamad juntos el valor de la familia y el de la vida. Sin estos valores no existe futuro digno del hombre.

Al día siguiente, domingo 15 de octubre de 2000, el jubileo de las familias alcanzaría su punto culminante, con una solemne eucaristía y una conmovedora homilía del papa:

Habéis venido aquí no sólo como individuos, sino también como familias. Habéis llegado a Roma desde todas las partes del mundo, con la profunda convicción de que la familia es un gran don de Dios, un don originario, marcado por su bendición. Vuestro jubileo, amadísimas familias, es un canto de alabanza por esta bendición originaria. Descendió sobre vosotros, esposos cristianos, cuando, al celebrar vuestro matrimonio, os prometisteis amor eterno delante de Dios. Sí, que os bendiga el Señor, fuente de la vida.

Así es como el autor sagrado presenta en el libro del Génesis la exigencia fundamental en la que se basa tanto la unión conyugal de un hombre y una mujer como la vida de la familia que nace de ella. Se trata de una exigencia de comunión. El ser humano no fue creado para la soledad; en su misma naturaleza espiritual lleva arraigada una vocación relacional.

Ciertamente, existen dificultades. Pero Jesús ha proporcionado a los esposos los medios de gracia adecuados para superarlas. En el matrimonio sacramental los esposos se comprometen a manifestarse mutuamente y a testimoniar al mundo el amor fuerte e indisoluble con el que Cristo ama a la Iglesia. Se trata del «gran misterio», como lo llama el apóstol san Pablo.

La bendición de Dios no sólo es el origen de la comunión conyugal, sino también de la apertura responsable y generosa a la vida. Los hijos son en verdad la «primavera de la familia y de la sociedad», como reza el lema de vuestro jubileo. El matrimonio florece en los hijos: ellos coronan la comunión total de vida, que convierte a los esposos en «una sola carne», y esto vale tanto para los hijos nacidos de la relación natural entre los cónyuges, como para los queridos mediante la adopción. Los hijos no son un accesorio en el proyecto de una vida conyugal, sino «el don más excelente».

Cuando se respetan las funciones, logrando que la relación entre los esposos y la relación entre los padres y los hijos se desarrollen de manera armoniosa y serena, es natural que para la familia adquieran significado e importancia también los demás parientes, como los abuelos, los tíos y los primos. La familia no puede encerrarse en sí misma. La relación afectuosa con los parientes es el primer ámbito de esta apertura necesaria, que proyecta a la familia hacia la sociedad entera.

Así pues, queridas familias cristianas, acoged con confianza la gracia jubilar que Dios derrama abundantemente en esta eucaristía. Acogedla tomando como modelo a la familia de Nazaret que, aunque fue llamada a una misión incomparable, recorrió vuestro mismo camino, entre alegrías y dolores, entre oración y trabajo, entre esperanzas y pruebas angustiosas, siempre arraigada en la adhesión a la voluntad de Dios.

Cada mes trajo su gran carga de momentos memorables, de modo que el día de la Epifanía de 2001, cuando Juan Pablo II cerró la Puerta Santa de San Pedro, dejamos a la espalda un trabajo agotador, pero enormemente fecundo e inolvidable. Seguramente, el papa no lo había vivido como un año cómodo, pero creo que se sintió feliz de su fatiga. Tenía razones para ello. Fue entonces cuando en sus apuntes dejó aquella referencia a las palabras de Simeón: *Nunc dimitis...* —«y ahora, haz de mí lo que quieras»—, que no eran una reflexión sobre la posibilidad de cesar en sus funciones, como erróneamente se diría tiempo después, sino una «rendición de cuentas» que Karol Wojtila presentaba a Dios, como quien ha superado la prueba esencial de su vida.

Una idea que ya no le abandonaría en los años que aún transcurrió incansable, y que vio más cercana que nunca en sus últimos momentos, cuando —nos lo ha dejado dicho su secretario y amigo Stanislao Dwiisz, hoy cardenal arzobispo de Cracovia— murmuró a quienes estaban con él: «Dejadme ir a la Casa del Padre...».

EL TERCER MILENIO

Juan Pablo II había vencido el desafío del milenio, pero una vez que la fiebre de los acontecimientos jubilares se fue apagando, quedó en su lugar una pregunta que nadie ignoraba, mucho menos el propio protagonista: ¿y ahora? Todos nos preguntábamos si la Iglesia seguiría hablando por mucho tiempo por boca de Juan Pablo II, al que la enfermedad y la edad robaban por momentos la energía, convirtiendo en un dolor vivo cada paso que daba.

El papa era el primero en darse cuenta. Si el cuerpo le fallaba, su espíritu era siempre lucidísimo, y si acaso sufría, no eran los achaques, sino el sentimiento de limitación que le causaban. Tenía un concepto muy claro de su misión: «Hasta que Dios quiera». Y sin descuentos. Era plenamente consciente de que cargaba con una cruz, pero también sabía que él ya estaba marchando por su particular *Via Dolorosa*, de la que entreveía la certeza del final. A pesar de todo, si las manos temblaban, no lo hizo el corazón. Su misión, bajo los ojos del mundo, tenía que continuar aunque el camino señalara al crepúsculo.

Apenas cerrado el gran expediente del jubileo, la agenda pontificia volvió a abordar sus innumerables asuntos. En el año 2001 caía precisamente el vigésimo aniversario de la publicación de la *Familiaris Consortio*. Para hacer balance de un documento tan importante, Juan Pablo II se dirigió en un discurso, pronunciado el 31 de mayo de 2001, a los profesores y alumnos del Instituto de Estudios sobre el Matrimonio y la Familia que lleva su nombre.

Cada vez con mayor insistencia surgen proyectos que sitúan los comienzos de la vida humana en ámbitos diversos de la unión conyugal entre el varón y la mujer. Con el pretexto de asegurar una mejor calidad de vida mediante un control genético o contribuir al progreso de la investigación médica y científica, se proponen experimentaciones con embriones humanos y métodos para su producción que abren la puerta a manipulaciones y abusos por parte de quien se arroga un poder arbitrario e ilimitado sobre el ser humano.

Por consiguiente, el ámbito del amor de los esposos y la mediación corpórea del acto conyugal son el único lugar en el que se reconoce y respeta plenamente el valor singular del nuevo ser humano, llamado a la vida. En efecto, no se puede reducir al hombre a sus componentes genéticos y biológicos, aunque participen en su dignidad personal. Todo hombre que viene al mundo está llamado desde siempre por el Padre a participar en Cristo, por el Espíritu, en la plenitud de la vida en Dios. Por tanto, ya desde el instante misterioso de su concepción debe ser acogido y tratado como persona, creada a imagen y semejanza de Dios mismo.

En algunos países, ciertas legislaciones permisivas, fundadas en concepciones parciales y erróneas de la libertad, han favorecido durante los últimos años presuntos modelos alternativos de familia, que ya no se basa en el compromiso irrevocable de un varón y una mujer de formar una «comunidad para toda la vida». Los derechos específicos reconocidos hasta ahora a la familia, célula primordial de la sociedad, se han extendido a formas de asociación, a uniones de hecho, a pactos civiles de solidaridad.

En el mes de junio de 2001, correspondió a los obispos católicos de Ucrania realizar la visita *ad limina*. A través de las palabras del santo padre traslucía su inquietud por los modelos de un mundo que cambiaba deprisa y no siempre en la mejor dirección. Un cambio que se hacía —y se hace— particularmente evidente en los países del antiguo bloque comunista.

En estos últimos años, caracterizados también en Ucrania por rápidos y profundos cambios sociales, la familia está viviendo una fuerte crisis, como lo demuestran los numerosos divorcios y la difundida práctica del aborto. Por tanto, la familia ha de ser una de vuestras prioridades pastorales. En particular, preocupaos por educar a las familias cristianas en una fuerte experiencia de Dios y en la plena conciencia del proyecto del Creador sobre el matrimonio, para que, renovando el tejido espiritual de su convivencia, puedan contribuir a aumentar la calidad de toda la sociedad civil.

A la evangelización de la familia va unida la pastoral juvenil. Los modelos de vida hedonistas y materialistas presentados por muchos medios de comunicación social, la crisis de valores que afecta a la familia, el espejismo de una vida fácil que excluye el sacrificio, los problemas del desempleo y la inseguridad del futuro a menudo engendran en los jóvenes una gran desorientación, haciéndolos disponibles a propuestas de vida efímeras y sin valores, o a preocupantes formas de evasión. Es necesario invertir energías y medios en su formación humana y cristiana.

Con motivo de un encuentro con las familias de Italia, el pontífice hacía a éstas objeto de sus inquietudes y de sus deseos de un cambio tangible en las conciencias y en las políticas. Fue en la plaza de San Pedro, el sábado 20 de octubre de 2001.

Este encuentro nos permite dar gracias a Dios por los dones concedidos a su Iglesia y a las familias que durante estos años han atesorado las enseñanzas conciliares y las contenidas en la «Familiaris consortio».

Además de su dimensión religiosa, la familia tiene una dimensión social. El valor y el papel de la familia son igualmente evidentes desde este otro punto de vista. Hoy, por desgracia, asistimos a la difusión de visiones distorsionadas y muy peligrosas, alimentadas por ideologías relativistas y difundidas insistentemente por los medios de comunicación social. En realidad, por el bien del Estado y de la sociedad, es de fundamental importancia proteger a la familia fundada en el matrimonio, entendido como acto que sanciona el compromiso recíproco públicamente expresado y regulado, la aceptación plena de la responsabilidad con respecto al otro y a los hijos, y la titularidad de derechos y deberes como núcleo social primario en el que se funda la vida de la nación.

¿Quién debe creer en la familia? En primer lugar, los esposos mismos, viviendo cada día con responsabilidad sus compromisos, sus alegrías y sus esfuerzos, y también dando origen, con formas asociadas e iniciativas culturales, a instancias sociales y legislativas que contribuyan a sostener la vida familiar.

Una responsabilidad particular tienen los políticos y los gobernantes, a quienes compete aplicar las normas constitucionales y aceptar las peticiones más auténticas de la población, compuesta en su gran mayoría por familias que han fundado su unión en el vínculo matrimonial. Por tanto, se esperan con razón intervenciones legislativas centradas en la dignidad de la persona humana y en la correcta aplicación del principio de subsidiariedad entre el Estado y la familia.

En particular, es importante y urgente aplicar plenamente un sistema escolar y educativo que otorgue un lugar central a la familia y a su libertad de elección.

Es de desear también un decidido salto de calidad en la programación de las políticas sociales, que deberían tener cada vez más en cuenta el papel fundamental de la familia para adecuar a sus necesidades las opciones en el ámbito de la planificación urbanística, la organización del trabajo, la definición del salario y los criterios de tasación. También es preciso prestar una atención particular a la legítima preocupación de numerosas familias que denuncian una creciente decadencia de los medios de comunicación, a los cuales, difundiendo violencia, banalidad y pornografía, cada vez les importa menos la presencia de los menores y sus derechos.

Una vez más, con motivo del 20 aniversario de la *Familiaris Consortio*, el 22 de noviembre de 2001, el santo padre dirigía un mensaje de recapitulación de la actividad desarrollada durante este período, en el que el mundo había conocido los mayores cambios en su historia concentrados en el menor tiempo. Años que habían visto el atentado contra un papa, el derrumbamiento de un totalitarismo asfixiante, el florecer de la democracia en tantas partes del mundo, las guerras del petróleo o la amenaza de un choque con el islam radical, encarnado en el hiperterrorismo que estremeció al mundo el 12 de septiembre de 2001.

En este período, aunque no han faltado insidias contra la institución familiar, quizá algunas de las más peligrosas de la historia, han ido consolidándose algunas convicciones comunes. Por ejemplo, hoy se redescubre y promueve en numerosos ámbitos la causa integral de la familia y de la vida como valor y derecho perteneciente al patrimonio de la humanidad. El magisterio de la Iglesia ha proporcionado significativas pistas para esta renovación, con numerosas e importantes intervenciones y enseñanzas.

Sin embargo, junto a las consoladoras metas alcanzadas, hay que registrar la agresión violenta por parte de algunos sectores de la sociedad moderna contra la institución familiar y su función social. Se han presentado algunos proyectos de ley que no corresponden al verdadero bien de la familia fundada en el matrimonio monogámico y con la protección de la inviolabilidad de la vida humana, favoreciendo la infiltración de peligrosas sombras de la «cultura de muerte» en el hogar. También suscita preocupación la creciente divulgación en los foros internacionales de concepciones erróneas de la sexualidad y de la dignidad y misión de la mujer.

Y ¿qué decir de la crisis de tantas familias separadas, de las personas solas y de la situación de las así llamadas uniones de hecho? Entre las peligrosas estrategias contra la familia existe también el intento de negar dignidad humana al embrión antes de la implantación en el seno materno y de atentar contra su existencia con diversos métodos.

Especial importancia reviste el diálogo con los políticos y legisladores sobre la verdad de la familia fundada en el matrimonio monogámico y sobre la dignidad de la vida humana desde el primer instante de su concepción.

A finales de año, el Pontificio Consejo para la Familia, en colaboración con el Centro de Educación Familiar Especial (CEFAES) de Madrid y con el «Programa Leopoldo» de Venezuela, organizan un Congreso sobre «La familia y la integración del minusválido en la infancia y en la adolescencia». El discurso que pronuncia en esta sede Juan Pablo II es particularmente conmovedor.

La llegada de un hijo discapacitado es, sin duda alguna, un acontecimiento desconcertante para la familia, que queda íntimamente afectada. También desde este punto de vista, es importante animar a los padres a dedicar una atención especialísima al niño, desarrollando una profunda estima por su dignidad personal, así como un gran respeto y un generoso servicio a sus derechos. Esto vale respecto a todo niño, pero adquiere una urgencia singular cuando el niño es pequeño y necesita de todo, está enfermo, delicado o es minusválido. Es evidente que en esas situaciones los núcleos familiares que deben afrontar problemas complejos tienen derecho a ser apoyados. De ahí la importancia de personas que sepan estar cerca de ellos, ya sean amigos, médicos o asistentes sociales.

Si el niño que tiene dificultades se halla insertado en un hogar acogedor y abierto, no se siente solo, sino en el corazón de la comunidad, y así puede aprender que la vida siempre merece ser vivida. Los padres, por su parte, experimentan el valor humano y cristiano de la solidaridad. He recordado en otras ocasiones que es preciso demostrar con los hechos que la enfermedad no crea brechas infranqueables, ni impide relaciones de auténtica caridad cristiana con quien la padece. Por el contrario, la enfermedad debe suscitar una actitud de especial atención a esas personas, que pertenecen con pleno derecho a la categoría de los pobres, a quienes corresponde el reino de los cielos.

Pienso, en este momento, en el ejemplo de extraordinaria dedicación a sus hijos que han dado innumerables padres; pienso en las múltiples iniciativas de familias dispuestas a acoger con gran generosidad a niños minusválidos, en custodia o en adopción. Cuando las familias se alimentan abundantemente de la palabra de Dios, se producen en su seno milagros de auténtica solidaridad cristiana.

Ésta es la respuesta más convincente que se puede dar a cuantos consideran a los niños minusválidos como un peso o creen incluso que no son dignos de vivir plenamente el don de la existencia. Acoger a los más débiles, ayudándoles en su camino, es signo de civilización.

Toda persona es sujeto de derechos fundamentales, que son inalienables, inviolables e indivisibles; por consiguiente, también el minusválido, que, precisamente a causa de su minusvalidez, puede encontrar mayores dificultades en el ejercicio concreto de esos derechos. El minusválido, como cualquier otro sujeto débil, debe ser estimulado a convertirse en protagonista de su existencia. Compete, ante todo, a la familia, superado el primer momento, comprender que el valor de la existencia trasciende el de la eficiencia.

El año 2002 se abre con una iniciativa pontificia de especial calado. Una Carta del santo padre fechada el 24 de enero de 2002 y dirigida a todos los jefes de Estado o de Gobierno que contiene el llamado «Decálogo de Asís para la Paz». He aquí lo que menciona el punto cuarto de dicho decálogo.

Nos comprometemos a defender el derecho de toda persona humana a vivir una existencia digna según su identidad cultural y a formar libremente su propia familia.

Con motivo de la celebración de la Jornada Mundial de la Familia, instituida por las Naciones Unidas en 1994, que por primera vez también se conmemoraba en Italia, el miércoles 15 de mayo de 2002, Juan Pablo II no dejó de recordar este hecho en la Audiencia General correspondiente.

Amadísimos hermanos, al manifestaros mi vivo aprecio por vuestro generoso compromiso, os deseo que las instituciones reconozcan plenamente los valores de la familia con políticas encaminadas a promover su elevada función. Quiera Dios que se fortalezca cada vez más la convicción de que el futuro de la humanidad y de la Iglesia pasa a través de la familia.

La asamblea plenaria del Pontificio Consejo para la Familia del año 2002 se dedicó a un tema demasiado actual: «Pastoral familiar y matrimonios en dificultad». El viernes 18 de octubre, el papa tomó la palabra ante el plenario, haciendo inventario de los problemas que pueden surgir contra la pareja, como constatando que el tercer milenio había supuesto también la consolidación de nuevos obstáculos:

Cuando se atraviesan momentos particulares, el recurso a la ciencia puede prestar una gran ayuda, pero nada podrá sustituir a una fe ardiente, personal y confiada, que se abre al Señor. Por eso, es necesario recurrir a una intensa vida espiritual, abriendo el corazón a la Palabra de vida.

Hay que dedicar especial solicitud a los esposos jóvenes, para que no se rindan ante los problemas y conflictos. La fragilidad aumenta si domina la mentalidad divorcista, que el Concilio denunció con vigor, porque lleva, muchas veces, a separaciones y a rupturas definitivas. También una educación sexual mal concebida perjudica a la vida de la familia.

A menudo falta el tiempo para vivir y dialogar en familia. Muchas veces los padres no se sienten preparados, e incluso temen asumir, como es su deber, la tarea de la educación integral de sus hijos. Puede suceder que éstos, precisamente a causa de la falta de diálogo, encuentren serios obstáculos para considerar a sus padres como auténticos modelos que imitar y vayan a buscar a otra parte modelos y estilos de vida que resultan a menudo falsos y nocivos para la dignidad del hombre y para el verdadero amor. La trivialización del sexo, en una sociedad saturada de erotismo, y la falta de referencia a principios éticos pueden arruinar la vida de niños, adolescentes y jóvenes, impidiendo que se formen en un amor responsable y maduro y desarrollen armoniosamente su personalidad.

Con motivo de la visita *ad limina* del octavo grupo de obispos del Brasil, que tuvo lugar el sábado 16 de noviembre de 2002, el papa pronunció una alocución que iba más allá de las fronteras del país sudamericano, insistiendo una vez más, como a lo largo de todo su pontificado, en la importancia del papel que desempeña el núcleo familiar en la sociedad.

La esposa aporta al matrimonio y la madre a la vida de la familia dotes peculiares vinculadas a su fisiología y psicología, carácter, inteligencia, sensibilidad, afecto, comprensión de la vida y actitud ante ella, pero sobre todo espiritualidad y relación con Dios, indispensables para forjar al hombre y a la mujer del mañana. Constituye el vínculo fundamental de amor, paz y garantía del futuro de cualquier comunidad familiar.

Es verdad que existen factores sociales que en estas últimas décadas han llevado a desestabilizar el núcleo familiar: algunos de ellos son sociales —estructuras de injusticia—, culturales —educación y medios de comunicación social—, políticos —dominación y manipulación—, económicos —salarios, desempleo, pluriempleo—, y religiosos —secularismo—. Sin olvidar que, en algunas regiones de vuestro país, la falta de viviendas, de higiene, de servicios sanitarios y de educación contribuye a disgregar la familia.

Las leyes civiles, que han favorecido el divorcio y amenazan la vida, tratando de introducir oficialmente el aborto; las campañas de control de la natalidad, que, en vez de invitar a una procreación responsable a través de los ritmos naturales de la fertilidad, han llevado a la esterilización a miles de mujeres, sobre todo en el nordeste, y han difundido el uso de los métodos anticonceptivos, revelan ahora sus resultados más dramáticos. Tanto en la opinión pública como en la legislación civil no faltan intentos de equiparar meras uniones de hecho a la familia, o de reconocer como tal la unión de personas del mismo sexo. Estas y otras anomalías nos llevan a proclamar, con firmeza pastoral, la verdad sobre el matrimonio y la familia.

En este contexto, vuelvo a recordar aquí la necesidad de respetar la dignidad inalienable de la mujer, para fortalecer su importante papel, tanto en el ámbito del hogar como en el de la sociedad en general. En efecto, es triste observar que la mujer es todavía objeto de discriminaciones, sobre todo cuando es víctima de abusos sexuales y de la prepotencia masculina. Por eso, es necesario sensibilizar a las instituciones públicas para promover aún más la vida familiar basada en el matrimonio y proteger la maternidad respetando la dignidad de todas las mujeres.

He querido recordar estos principios, venerados hermanos en el episcopado, porque cuando desaparecen el amor, la fidelidad o la generosidad ante los hijos, la familia se desintegra. Y las consecuencias no se hacen esperar: para los adultos, la soledad; para los hijos, el desamparo; para todos la vida se convierte en territorio inhóspito.

El IV Encuentro Mundial de las Familias se celebró en Filipinas, en Manila. El mismo lugar que había recorrido Juan Pablo II en 1981 bajo la asfixiante sombra de Imelda Marcos, empeñada en cubrir de flores la miseria y la opresión de un país que dominaba como si fuera un feudo. Y también el teatro de aquella impresionante multitud de más de cuatro millones de personas que aclamaron a un papa que tuvo que llegar al parque de Rizal en helicóptero. Allí pronunció un bello discurso, lleno de ánimo y esperanza, el 25 de enero de 2003:

> Queridas familias cristianas: ¡anunciad con alegría al mundo entero el maravilloso tesoro que, como iglesias domésticas, lleváis con vosotros! Esposos cristianos, en vuestra comunión de vida y amor, en vuestra entrega recíproca y en la acogida generosa de los hijos, ¡sed en Cristo luz del mundo! Sed ante todo «buena noticia para el tercer milenio» viviendo con empeño vuestra vocación. El matrimonio que habéis celebrado un día, más o menos lejano, es vuestro modo específico de ser discípulos de Jesús, de contribuir a la edificación del Reino de Dios, de caminar hacia la santidad a la que todo cristiano está llamado.
>
> En la vida cotidiana no faltan las insidias, las tensiones, el sufrimiento y también el cansancio. Pero no estáis solos en vuestro camino. Con vosotros actúa y está siempre presente Jesús, como lo estuvo en Caná de Galilea, en un momento de dificultad para aquellos nuevos esposos.

Queridas familias cristianas, os encomiendo dar testimonio en la vida cotidiana de que, incluso entre tantas dificultades y obstáculos, es posible vivir en plenitud el matrimonio como experiencia llena de sentido y como «buena noticia» para los hombres y mujeres de nuestro tiempo.

En el verano de 2003, el Domingo de Pentecostés cayó durante un nuevo viaje a Croacia, y más precisamente, en el día previsto para las familias. Durante la eucaristía celebrada en la ciudad dálmata de Rijeka —la antigua Fiume del escritor D'Annunzio—, el 8 de junio de 2003, el santo padre no se olvidó de la circunstancia, y su homilía estuvo llena de exhortaciones a la familia y a su participación en el proyecto divino.

Por último, saludo de modo especial a las numerosas familias reunidas aquí en este día dedicado a ellas: sois muy valiosas para la sociedad y para la Iglesia, ya que el matrimonio y la familia constituyen uno de los bienes más preciosos de la humanidad. Al mirar a María y a José, que presentan al Niño en el templo o que van en peregrinación a Jerusalén, los padres cristianos pueden reconocerse mientras participan con sus hijos en la eucaristía dominical o se reúnen en sus hogares para rezar.

No hay que olvidar que, ayudando a la familia, se contribuye también a la solución de otros graves problemas, como por ejemplo la asistencia a los enfermos y a los ancianos, el freno a la difusión de la criminalidad, y un remedio contra la droga.

Vosotras, queridas familias cristianas, no dudéis en proponer, ante todo con el testimonio de vuestra vida, el auténtico proyecto de Dios sobre la familia como comunidad de vida fundada en el matrimonio, es decir, en la unión estable y fiel de un hombre y una mujer, unidos entre sí por un vínculo manifestado y reconocido públicamente.

A vosotros, los padres, os corresponde ocuparos con responsabilidad de la educación humana y cristiana de vuestros hijos, confiando también en la ayuda experta de educadores y catequistas serios y bien formados. Ayudad a vuestros hijos a salir al encuentro de Jesús, para conocerlo mejor y seguirlo, en medio de las tentaciones a las que están expuestos continuamente, por el camino que conduce a la alegría verdadera.

Sólo una semana después, el viernes 13 de junio de 2003, durante el discurso que Juan Pablo II dirigió a los participantes en un congreso organizado por el Pontificio Consejo para la Familia, el papa intervenía con tonos más preocupados. No en balde el tema elegido para ilustrar la reunión, «Desafíos y posibilidades al inicio del tercer milenio», era más propenso a inquietar que a congratularse. Y menos que nadie, Karol Wojtila, que podría muy bien ser definido como «hombre del tercer milenio», y que nunca huyó de las incógnitas de los nuevos tiempos, en los que se sentía vivo y combatiente.

Ciertamente, hoy la identidad de la familia está sometida a amenazas deshumanizadoras. Perder la dimensión «humana» en la vida familiar lleva a poner en tela de juicio la raíz antropológica de la familia como comunión de personas. Así, van surgiendo, casi en todo el mundo, alternativas falaces que no reconocen la familia como un bien valioso y necesario para el entramado social. En la Europa de nuestros días la institución familiar experimenta una preocupante fragilidad, que resulta mayor cuando las personas no están preparadas para asumir sus responsabilidades en su seno con una actitud de entrega recíproca plena y de verdadero amor.

En las sociedades actuales de Europa emergen tendencias que no sólo no contribuyen a defender esta fundamental institución humana, como es precisamente la familia, sino que también la atacan, haciendo más frágil su cohesión interior. Difunden una mentalidad favorable al divorcio, a la anticoncepción y al aborto, negando de hecho el auténtico sentimiento del amor y atentando en definitiva contra la vida humana, al no reconocer el pleno derecho a la vida del ser humano.

Ciertamente, son numerosos los ataques contra la familia y la vida humana, pero, gracias a Dios, son muy numerosas las familias que permanecen fieles, a pesar de las dificultades, a su vocación humana y cristiana. Reaccionan a los ataques de cierta cultura contemporánea hedonista y materialista, y se van organizando para dar juntas una respuesta llena de esperanza. La pastoral familiar es hoy una tarea prioritaria, y se registran signos de renovación y de un nuevo despertar de las conciencias en defensa de la familia.

Quisiera renovar aquí mi invitación a los responsables de los pueblos y a los legisladores para que asuman plenamente sus compromisos en defensa de la familia y favorezcan la cultura de la vida.

El año 2004 trajo a Juan Pablo II otro encuentro con las familias. En esta ocasión, el sábado 7 de febrero, las de su diócesis romana, porque aunque el papa sea casi sólo nominalmente «Obispo de Roma», el santo padre siempre tuvo como punto de sano orgullo el amor que su nueva ciudad le dispensó desde el principio, desde aquella primera alocución en San Pedro, recién elegido. Visitó muchas de las parroquias de la Urbe mientras le fue posible, y hasta se dejó ir en una audiencia con unas palabras en dialecto *romanaccio*: *Volemose bene, demose da fa', semo romani...* —«querámonos bien, pongámonos a trabajar, somos romanos...»—. A cambio, el alcalde Walter Veltroni lo nombró respetuosamente «ciudadano romano» —igual que Pío XII recibió el título de «defensor de la ciudad» por su labor protectora en los peores días de la guerra—, y la Ciudad Eterna lo acogió amorosamente y aún lo acoge para siempre.

Queridas familias cristianas, mirad la necesidad de amor, de entrega y de apertura a la vida presente en el corazón de vuestros hijos, desorientados por modelos de uniones fracasadas. Los hijos aprenden a amar a su esposo o a su esposa mirando el ejemplo de sus padres. No os contentéis con vivir en la intimidad el evangelio de la familia; anunciadlo y testimoniadlo a cuantos encontréis en vuestro camino y en todos los ámbitos de la vida pública y social.

Es ilusorio pensar en construir el bienestar con una mentalidad egoísta que, de diversos modos, niega espacio y acogida a las nuevas generaciones. Así como es irracional el intento de equiparar otros modelos de convivencia a la familia fundada en el matrimonio. Todo esto lleva inevitablemente a la decadencia de una civilización, tanto desde el punto de vista moral y espiritual como del social y económico.

Encomendemos a la intercesión de María y de su esposo san José a todas las familias de nuestra ciudad y, sobre todo, a las que viven en situaciones difíciles. Encomendémosles a los jóvenes que se preparan para el matrimonio a través del período de gracia que es el noviazgo. Encomendémosles también a cuantos tienen la responsabilidad de promover políticas familiares más justas y constructivas. El Señor bendiga a todas las familias y las convierta en lugar privilegiado de encuentro con él, para un anuncio auténtico de su amor.

Y si antes fueron las familias romanas, dos semanas después tocó a los sacerdotes. Para señalar el inicio de la Cuaresma, el pontífice se reunió el 26 de febrero de 2004 con los párrocos de «su» diócesis.

Queridos sacerdotes, poner la familia en el centro, o mejor, reconocer el carácter central de la familia en el plan de Dios sobre el hombre y, por tanto, en la vida de la Iglesia y de la sociedad, es una tarea irrenunciable, que ha animado mis veinticinco años de pontificado y, ya antes, mi ministerio sacerdotal y episcopal, así como mi compromiso de estudioso y de profesor universitario.

El matrimonio y la familia no pueden considerarse un simple producto de las circunstancias históricas, o una superestructura impuesta desde fuera al amor humano. Al contrario, son una exigencia interior de este amor, para que pueda realizarse en su verdad y en su plenitud de entrega recíproca. También las características de la unión conyugal que hoy a menudo se descuidan o se rechazan, como su unidad, su indisolubilidad y su apertura a la vida, se requieren para que el pacto de amor sea auténtico. Precisamente así, el vínculo que une al hombre y a la mujer se transforma en imagen y símbolo de la alianza entre Dios y su pueblo, que alcanza en Jesucristo su realización definitiva.

No tengáis miedo de prodigaros en favor de las familias, de dedicarles vuestro tiempo y vuestras energías, los talentos espirituales que el Señor os ha dado. Sed para ellas amigos solícitos y dignos de confianza, además de pastores y maestros. Acompañadlas y sostenedlas en la oración, proponedles con verdad y amor, sin reservas o interpretaciones arbitrarias, el evangelio del matrimonio y de la familia. Estad espiritualmente cerca de ellas en las pruebas que la vida reserva a menudo, ayudándoles a comprender que la Iglesia es siempre para ellas madre, además de maestra. Enseñad también a los jóvenes a comprender y apreciar el verdadero significado del amor, y a prepararse así a formar familias cristianas auténticas.

Una nueva asamblea plenaria del Pontificio Consejo para la Familia presentaba en noviembre de 2004 el tema: «La misión de los matrimonios maduros y experimentados con respecto a los novios y a los matrimonios jóvenes». Más que al texto del discurso pontificio, quiero referirme a su conclusión, que esta vez era todo menos formal:

Al concluir, mi pensamiento va al V Encuentro mundial de las familias, que tendrá lugar el año 2006 en Valencia (España). Sé que vuestro Consejo pontificio está preparando este acontecimiento, conjuntamente con la archidiócesis de Valencia. Saludo al arzobispo monseñor Agustín García Gasco, aquí presente, y envío un saludo afectuoso a la amada tierra de España, que tendrá el honor de acoger ese acontecimiento.

Un saludo que ya intuíamos que iba a ser difícil que pudiéramos recibir en persona. Y muy poco después, el 20 de enero de 2005, la alocución a los capitulares de la Unión Internacional de las Familias de Schönstatt tenía el sabor de un último mensaje, de un encargo hecho por quien ya sabe que no podrá verlo efectuado.

Comunicad a los demás vuestro entusiasmo por el matrimonio y la familia. Hoy, más que nunca, la sociedad necesita familias sanas, a fin de salvaguardar el bien común. Si fortalecemos la santa institución del matrimonio y la familia según el plan de Dios, aumentarán el amor y la solidaridad entre los hombres.

Las condiciones de salud del papa empezaron a decaer más agudamente durante el inicio de 2005. La noche del 24 de febrero recibimos la noticia de que «el papa ha sido internado en el Gemelli». Era la segunda vez en pocos días. La primera había sido el 1 de febrero, por una afección de la laringe y la tráquea, que le había mantenido en el hospital hasta el día 10. Ahora no pude evitar pensar que el final estaba cerca.
Las primeras informaciones apuntaron a que el papa había sido internado más por precaución que por un

peligro inminente, porque había sufrido un conato de ahogo. Supimos que se le había practicado una traqueotomía, insertándosele una cánula, a fin de liberar el paso del aire. Se nos insistía en que esto no tenía que perjudicar la actividad futura del papa y que podía perfectamente volver a hablar en público. Sin embargo, se podía entrever que el problema respiratorio era muy serio, ya que la cánula lo resolvía pero a cambio dejaba al descubierto parte del tejido interno, haciéndolo más vulnerable a las infecciones.

Un golpe más profundo que otros fue la restricción del habla. No tanto por lo que indicaba de empeoramiento de sus condiciones, sino por la limitación que Juan Pablo II sentía, habiendo hecho del diálogo y la comunicación su bandera. La verdad es que luego habló, si bien pocas palabras, en una breve aparición del 13 de marzo desde la ventana de su habitación del Gemelli, tras el rezo del *Angelus*. En las pocas veces que lo vi después me impresionó esa debilidad y esa delgadez inusuales en el santo padre, pero sobre todo esos esfuerzos que hacía para hablar, y esa imposibilidad de comunicarse, que nos apenaba a todos, pero que debía de ser terrible para él. Luego supimos que se le había tenido que poner una sonda nasogástrica para alimentarle, porque tenía muchas dificultades para injerir alimentación sólida y estaba muy débil. Y el Domingo de Ramos, o el de Pascua, o el miércoles 30 de marzo cuando salió a su ventana de San Pedro y no fue capaz de articular una palabra audible en los terribles cinco minutos y cuatro segundos que estuvo asomado, creo que, más que hablar, lo que deseaba Juan Pablo II era despedirse de todos nosotros. Él, mejor que nadie, sabía que el final estaba muy cerca.

Ya no volvimos a verle. Las siguientes horas serían una agonía imparable y muy dolorosa, de la que él se daba perfecta cuenta, porque nunca perdió el conocimiento. Monseñor Stanislao Dwicsz no le dejó ni un solo instante, dormía a su lado y le cambiaba cada hora para aliviar sus dolores, y era quien le hablaba indicándole todas las personas que entraban en su habitación para verle por última vez. El viernes 1 de abril por la mañana se nos dijo que el papa «había asistido a la misa en su habitación», lo que significaba que el santo padre ya no estaba en condiciones de concelebrarla, como siempre. Por la tarde se dispararon los rumores, mientras las más eminentes personalidades italianas se daban cita en una misa celebrada en la basílica de San Juan de Letrán, oficiada por el cardenal vicario de Roma, Camilio Ruini.

Mientras los ojos del mundo se dirigían unánimes a Roma, una multitud compuesta principalmente de jóvenes comenzó a congregarse en la plaza de San Pedro. Ahora sabemos que el papa se enteró, a través de su secretario, de que la misma juventud que había acudido a las alegres Jornadas de la Juventud venía a darle ánimos en la hora final. Aquellas voces debieron de ser para él no sólo un gran consuelo, sino la prueba definitiva de haber cumplido con su misión.

El día siguiente amaneció en un compás de espera con la calma de lo que debe suceder inexorablemente. El cardenal Ruini había dicho en la misa de la noche anterior que Juan pablo II «ya ve y toca al Señor». Y los jóvenes de la plaza, que la policía había desalojado de madrugada, volvieron a reunirse allí. Era 2 de abril, primer sábado de mes, dedicado a la Virgen.

Poco después de las 21.30 horas, de improviso, pude ver como se encendían todas las luces de la habitación del papa en el Palacio Apostólico. No era necesario tenerlas apagadas para no molestar a un enfermo, que ya no sufría más. El espíritu había roto sus cadenas terrenas.

Monseñor Leonardo Sandri, que dirigía en ese momento el rezo del Rosario, lo anunció al mundo entero y a las gentes que poblaban San Pedro, y que pasarían la noche allí en vigilia: «Nuestro amado santo padre Juan Pablo ha vuelto a la Casa del Padre».

UN GRAN DESCONOCIDO

Tanto se ha hablado sobre los últimos momentos de Juan Pablo II, y aún hoy los recordamos con un peso en el corazón.

La conmoción mundial, los más de dos millones de personas que transitaron a un ritmo de entre dieciocho mil y veintiún mil por hora durante cinco días con sus noches, haciendo una cola de veinte horas de media y que en el último día llegó a las veinticuatro horas de espera, el pésame de los grandes de la Tierra... son cosas que ayer eran noticia, hoy son recuerdo vivo, y mañana se leerán en la Historia.

El viernes 8 de abril, a las 10.00, unas 300.000 personas abarrotaban el área circundante del Vaticano San Pedro. Muchísimas más se aglomeraban ante las maxipantallas distribuidas por la ciudad. Más de 90 países e innumerables canales conectaban en directo para ofrecer al mundo un funeral al que concurría la práctica totalidad de los líderes mundiales, reunidos en la plaza de

San Pedro. El rito fúnebre fue solemne y se rezó en diversas lenguas. El féretro era de una sobriedad casi espartana, y sobre él fue colocado un libro con los Evangelios, cuyas hojas removía el viento que empezó a soplar durante la ceremonia y que, como un símbolo, poco antes de concluir la misa acabó por cerrarlo.

La homilía fue pronunciada precisamente por el entonces cardenal decano Joseph Ratzinger, que tenía que recurrir a su germánica disciplina para que la conmoción no le interrumpiera, mientras narraba la vida del santo padre como «una respuesta a la llamada de Cristo. Fue la fuerza que le dominó y que le impulsó a ir a todas partes incansablemente, entregándose sin reservas a Cristo y a la Humanidad». Los asistentes no tenían tanta contención y cada vez que nombraba a Juan Pablo II, los aplausos rompían aquel sacro silencio. Como lo rompieron al final de la ceremonia, durante trece minutos, mientras un mar de banderas ondeaban por doquier y la multitud alzaba un grito unánime: *¡Santo subito!* —¡Santo ya!

El 18 de abril se abrió de nuevo el cónclave para la elección del santo padre. Serían 114 los cardenales llamados a elegir al nuevo romano pontífice. Entre los «papables» italianos se hablaba del arzobispo de Milán Tettamanzi, o del patriarca de Venecia, Angelo Scola. Otros apostaban por una cierta revolución y un papa no europeo, citando al arzobispo de Bombay, Iván Díaz, al hondureño Madariaga, al brasileño Hummer, al argentino Bergoglio —del que luego se dijo que recogió no pocos consensos—, pero otro nombre figuraba en muchas cabezas y en numerosas listas.

Y el martes 19 de abril, a las 17.50 horas, la noticia se propagaba al mundo: *Habemus Papam*. Cuarenta y cinco minutos después, ante la multitud que volvía a llenar la plaza de San Pedro, el cardenal protodiácono Medina Estévez pronunció la fórmula latina unida al nombre del nuevo Vicario de Cristo: Joseph Ratzinger.

No se había cumplido la máxima de que «quien entra en el cónclave de papa, sale de cardenal», porque el nombre del antiguo prefecto para la Congregación del Santo Oficio era el favorito. Yo nunca tuve dudas de que sería el sucesor de Juan Pablo II, siempre que él aceptara, ya que podía no creerlo conveniente por motivos de edad. Con 78 años y una reputación de férreo guardián de la ortodoxia, Ratzinger había sido un estrecho colaborador de Juan Pablo II en el área teológica durante más de veinte años. Para muchos, el nombre de Ratzinger significaba la victoria de una concepción «conservadora» y rigurosa de la Iglesia, pero los que lo conocemos un poco lo señalamos como una persona humanamente afable, incluso tímida, con una estatura intelectual indiscutible.

Sí cogió de sorpresa el nombre que eligió para su pontificado. Nadie se esperaba su elección de pasar a la historia como Benedicto XVI, en recuerdo y homenaje a Benedicto XIV, el mejor papa del siglo XVII, riguroso y abierto a la vez. Y también a Benedicto XV, predicador incansable de la paz durante la Primera Guerra Mundial, a la que definió como «una matanza inútil», y que intentó detener favoreciendo varias propuestas de armisticio. Sin olvidar que «Benedetto» —Benedicto— es el nombre italiano de san Benito, el gran impulsor del movimiento monacal del medievo, y santo patrón de Europa, de cuyas raíces cristianas es considerado el defensor.

Sus primeros meses de pontificado han hablado de humildad, de impulso al diálogo, de ecumenismo. Sabe también que tiene presente aún la inmensa talla de su antecesor, pero no huye de la herencia de Wojtila, sino que la recibe como un capital precioso —«él me dice que no tenga miedo»— que, al igual que los talentos de la parábola, debe hacer fructificar. Todo ello, en su estilo «alemán», menos abierto que el de Juan Pablo II, pero igualmente decidido a avanzar con una Iglesia «joven y viva».

Y ya con motivo del Encuentro Mundial de las Familias en Valencia, el 17 de mayo de 2005 Benedicto XVI dirigió una carta al cardenal Alfonso López Trujillo, en la que recordaba su papel de relator de aquel Sínodo de 1980, origen del nuevo impulso vaticano hacia la familia.

Todos los pueblos, para dar un rostro verdaderamente humano a la sociedad, no pueden ignorar el bien precioso de la familia, fundada sobre el matrimonio. La alianza matrimonial, por la que el varón y la mujer constituyen entre sí un consorcio para toda la vida, ordenado por su misma índole natural al bien de los cónyuges y a la generación y educación de la prole, es el fundamento de la familia, patrimonio y bien común de la humanidad. Así pues, la Iglesia no puede dejar de anunciar que, de acuerdo con los planes de Dios, el matrimonio y la familia son insustituibles y no admiten otras alternativas.

La familia cristiana tiene, hoy más que nunca, una misión nobilísima e ineludible, como es transmitir la fe, que implica la entrega a Jesucristo, muerto y resucitado, y la inserción en la comunidad eclesial. Los padres son los primeros evangelizadores de los hijos, don precioso del Creador, comenzando por la enseñanza de las primeras oraciones. Así se va construyendo un universo moral enraizado en la voluntad de Dios, en el cual el hijo crece en los valores humanos y cristianos que dan pleno sentido a la vida.

Benedicto XVI señalaba en estos dos párrafos el núcleo de la cuestión familiar en la Iglesia de hoy. Y lo hacía con una precisión de lo más germánica, que apuntaba ya el estilo directo y hasta escueto del nuevo Pontífice. Pocos días después, el 6 de junio de 2005, en la ceremonia de apertura de la asamblea eclesial de la diócesis de Roma, el Papa tenía oportunidad de volver a insistir en los mismos asuntos. Sin ir más lejos, el tema central de la asamblea hablaba claro: «Familia y comunidad cristiana: formación de la persona y transmisión de la fe».

Ya desde hace dos años, el compromiso misionero de la Iglesia de Roma se ha centrado sobre todo en la familia, no sólo porque esta realidad humana fundamental se ve sometida hoy a múltiples dificultades y amenazas, sino también porque las familias cristianas constituyen un recurso decisivo para la educación en la fe, para la edificación de la Iglesia como comunión y su capacidad de presencia misionera en las situaciones más diversas de la vida, así como para ser levadura, en sentido cristiano, en la cultura generalizada y en las estructuras sociales.

El «sí» personal y recíproco del hombre y de la mujer abre el espacio para el futuro, para la auténtica humanidad de cada uno y, al mismo tiempo, está destinado al don de una nueva vida. Por eso, este «sí» personal no puede por menos de ser un «sí» también públicamente responsable, con el que los esposos asumen la responsabilidad pública de la fidelidad. El matrimonio como institución no es una injerencia indebida de la sociedad o de la autoridad, una forma impuesta desde fuera en la realidad más privada de la vida, sino una exigencia intrínseca del pacto del amor conyugal y de la profundidad de la persona humana.

En cambio, las diversas formas actuales de disolución del matrimonio, como las uniones libres y el «matrimonio a prueba», hasta el pseudo-matrimonio entre personas del mismo sexo, son expresiones de una libertad anárquica, que se quiere presentar erróneamente como verdadera liberación del hombre. Esa pseudo-libertad se basa en el supuesto de que el hombre puede hacer de sí mismo lo que quiera: así su cuerpo se convierte en algo secundario, algo que se puede utilizar como se quiera. El libertarismo, que se quiere hacer pasar como descubrimiento del cuerpo y de su valor, es en realidad un dualismo que hace despreciable el cuerpo, situándolo fuera del auténtico ser y de la auténtica dignidad de la persona.

También en la generación de los hijos el matrimonio refleja su modelo divino, el amor de Dios al hombre. En el hombre y en la mujer, la paternidad y la maternidad, como el cuerpo y como el amor, no se pueden reducir a lo biológico: la vida sólo se da enteramente cuando juntamente con el nacimiento se dan también el amor y el sentido que permiten decir sí a esta vida. Precisamente esto muestra claramente cuán contrario al amor humano, a la vocación profunda del hombre y de la mujer, es cerrar sistemáticamente la propia unión al don de la vida y, aún más, suprimir o manipular la vida que nace.

Ningún hombre y ninguna mujer, por sí solos y únicamente con sus fuerzas, pueden dar a sus hijos de manera adecuada el amor y el sentido de la vida. Por este motivo, la edificación de cada familia cristiana se sitúa en el contexto de la familia más amplia, que es la Iglesia, la cual la sostiene y la lleva consigo, y garantiza que existe el sentido y que también en el futuro estará en ella el «sí» del Creador.

Por eso, además de la palabra de la Iglesia, es muy importante el testimonio y el compromiso público de las familias cristianas, especialmente para reafirmar la intangibilidad de la vida humana desde la concepción hasta su término natural, el valor único e insustituible de la familia fundada en el matrimonio, y la necesidad de medidas legislativas y administrativas que sostengan a las familias en la tarea de engendrar y educar a los hijos, tarea esencial para nuestro futuro común.

A principios de 2006, Benedicto XVI tuvo oportunidad de reunirse con los administradores públicos de la Región Lazio, provincia y ayuntamiento de Roma. Al igual que su predecesor, este encuentro permite al Santo Padre hacer hincapié en temas más «sociales» o más profanos, si se quiere. En su discurso consiguió resumir en pocos párrafos la opinión de la Iglesia en varios temas que miran de cerca el ámbito familiar:

El matrimonio como institución no es una injerencia indebida de la sociedad o de la autoridad, una forma impuesta desde fuera, sino una exigencia intrínseca del pacto de amor conyugal. Aquí no se trata de normas peculiares de la moral católica, sino de verdades elementales que conciernen a nuestra humanidad común: respetarlas es esencial para el bien de la persona y de la sociedad. Por consiguiente, interpelan también vuestra responsabilidad de administradores públicos y vuestras competencias normativas, en dos vertientes.

Por una parte, son muy oportunas todas las medidas que apoyen a las parejas jóvenes en la formación de una familia, y a la familia misma en la generación y educación de los hijos: al respecto, vienen enseguida a la memoria problemas como el coste de las viviendas, de las guarderías y de los jardines de infancia para los niños más pequeños. Por otra parte, es un grave error oscurecer el valor y las funciones de la familia legítima fundada en el matrimonio, atribuyendo a otras formas de unión reconocimientos jurídicos impropios, de los cuales no existe, en realidad, ninguna exigencia social efectiva.

Igual atención y compromiso requiere la protección de la vida humana naciente: es preciso proporcionar ayudas concretas a las mujeres embarazadas que se encuentran en condiciones difíciles y evitar introducir medicamentos que escondan en cierto modo la gravedad del aborto, como elección contra la vida. En una sociedad que envejece son cada vez más importantes la asistencia a los ancianos y todas las complejas problemáticas relativas al cuidado de la salud de los ciudadanos. Deseo alentaros en los esfuerzos que estáis realizando en estos ámbitos y subrayar que, en el campo sanitario, hay que promover los continuos avances científicos y tecnológicos, así como el compromiso de contener los costes, de acuerdo con el principio superior de la centralidad de la persona del enfermo.

Una atención peculiar merecen los numerosos casos de sufrimiento y enfermedad psíquica, entre otras finalidades, para no dejar sin ayudas adecuadas a las familias que a menudo deben afrontar situaciones bastante difíciles.

Estos cuatro párrafos podrían resumir libros enteros. El papa Ratzinger tiene un estilo muy directo y preciso, y dice lo que juzga necesario sin grandes alardes estilísticos. Se le entiende todo, y en este discurso a los cargos públicos de Roma y alrededores les recuerda lo que la Iglesia piensa sobre temas tan mundanos como las políticas de promoción a la familia, la defensa de la vida, la asistencia a la tercera edad y el bienestar social para quien más necesita el apoyo de los entes públicos. Tantos políticos que no pierden ocasión en llenarse la boca con «la defensa de la familia» ya sabrían dónde recoger algunas sugerencias para la acción práctica.

Y sin movernos de Roma, poco después el Santo Padre pasa de los políticos a los religiosos de la Urbe. El 2 de marzo de 2006, Benedicto XVI se reunió con una representación de los sacerdotes y diáconos de «su» diócesis romana, que le sometieron a una simpática consulta sobre varios temas pastorales. ¡Qué mejor oportunidad para recibir impulso y consejo nada menos que del Santo Padre directamente!

Entre otras cuestiones, los párrocos de la Ciudad Eterna pedían a su obispo que la familia fuera protagonista, y no sólo objeto, de la pastoral, y que, consiguientemente, se luchara contra el relativismo y la indiferencia, que amenazan a la institución familiar en todo el mundo.

Aquí no puedo por menos de estar totalmente de acuerdo. También en las visitas *ad limina* hablo siempre con los obispos de la familia, que se ve amenazada de muchas maneras en el mundo. Por eso, con mucha mayor razón, nosotros, como Iglesia, debemos ayudar a las familias, que constituyen la célula fundamental de toda sociedad sana. Sólo así puede crearse en la familia una comunión de generaciones, en la que el recuerdo del pasado vive en el presente y se abre al futuro. Así realmente continúa y se desarrolla la vida, y sigue adelante. No hay verdadero progreso sin esta continuidad de vida y, así mismo, no es posible sin el elemento religioso. Sin la confianza en Dios, sin la confianza en Cristo, que nos da también la capacidad de la fe y de la vida, la familia no puede sobrevivir. Lo vemos hoy. Sólo la fe en Cristo, sólo la participación en la fe de la Iglesia salva a la familia; y, por otra parte, la Iglesia sólo puede vivir si se salva la familia.

Yo ahora no tengo la receta de cómo se puede hacer esto. Pero creo que debemos tenerlo siempre presente. Por eso, tenemos que hacer todo lo que favorezca a la familia: círculos familiares, catequesis familiares, enseñar la oración en familia. Donde se hace oración juntos, está presente el Señor, está presente la fuerza que puede romper incluso la «esclerocardía», la dureza de corazón que, según el Señor, es el verdadero motivo del divorcio.

Me quedaría con esta frase: «La Iglesia sólo puede vivir si se salva la familia». Ya no hablamos solamente de una cuestión de importancia, sino de un tema vital. El papa Ratzinger no sólo concuerda plenamente con la línea de su antecesor, sino que considera el apoyo a la familia como algo sencillamente básico, sin lo cual viene a fallar el edificio mismo de la Iglesia. Creo que desde la definición de «Iglesia doméstica» hecha por el Concilio Vaticano II, se habían registrado pocas tomas de posición tan categóricas como ésta.

Y la reflexión siguiente, «yo ahora no tengo la receta de cómo se puede hacer esto», nos convierte al Santo Padre en alguien mucho más cercano. No es ni mucho menos el severo inquisidor que muchos creían y temían, sino el custodio de la fe (así lo ha definido el periodista italiano Andrea Tornielli, su biógrafo) que, más que ordenar, constata los problemas y llama para resolverlos a la comunidad de los fieles.

El jueves 30 de marzo, Benedicto XVI tuvo la oportunidad de dirigirse de nuevo a los políticos, con motivo de unas jornadas de estudio sobre Europa organizadas por el Partido Popular Europeo. Y como era de esperar, el Santo Padre no desaprovechó la ocasión para afirmar rotundamente las posiciones de la Iglesia en el marco de la construcción europea. En su discurso, se detuvo particularmente en el tema de la familia:

Por lo que atañe a la Iglesia católica, lo que pretende principalmente con sus intervenciones en el ámbito público es la defensa y promoción de la dignidad de la persona; por eso, presta conscientemente una atención particular a principios que no son negociables. Entre éstos, hoy pueden destacarse los siguientes: protección de la vida en todas sus etapas, desde el momento de la concepción hasta la muerte natural; reconocimiento y promoción de la estructura natural de la familia, como unión entre un hombre y una mujer basada en el matrimonio, y su defensa contra los intentos de equipararla jurídicamente a formas radicalmente diferentes de unión que, en realidad, la dañan y contribuyen a su desestabilización, oscureciendo su carácter particular y su irreemplazable papel social; protección del derecho de los padres a educar a sus hijos.

Estos principios no son verdades de fe, aunque reciban de la fe una nueva luz y confirmación. Están inscritos en la misma naturaleza humana y, por tanto, son comunes a toda la humanidad. La acción de la Iglesia en su promoción no es, pues, de carácter confesional, sino que se dirige a todas las personas, prescindiendo de su afiliación religiosa. Al contrario, esta acción es tanto más necesaria cuanto más se niegan o tergiversan estos principios, porque eso constituye una ofensa contra la verdad de la persona humana, una grave herida causada a la justicia misma.

Y ya en fecha aún más reciente, durante el *Via Crucis* celebrado el viernes 14 de abril, el Santo Padre ha reservado la meditación de la Séptima Estación —la segunda caída de Jesús— a las agresiones contra la familia como una forma particular de «herir el cuerpo santo de Cristo».

Ciertamente, una dolorosa pasión de Dios es la agresión en lo que se refiere a la familia. Parece que hoy se esté dando una especie de «anti-Génesis», un anti-designio, un orgullo diabólico que piensa en aniquilar la familia.

El hombre quisiera reinventar la humanidad modificando la gramática misma de la vida tal como Dios la ha pensado y querido.

Pero ponerse en el lugar de Dios sin ser Dios es la arrogancia más insensata, la más peligrosa de las aventuras.

Que la caída de Cristo nos abra los ojos, y nos permita ver el rostro hermoso, el rostro auténtico y santo de la familia. El rostro de la familia de la cual todos tenemos necesidad.

La meditación del Viernes Santo se concluía con esta oración, y creo que puede ser un resumen y un broche de oro para las palabras de los dos papas que han quedado recogidas en este libro:

Señor Jesús,
la familia es un sueño de Dios
confiado a la humanidad;
la familia es un destello de Cielo
compartido con la humanidad;
es la cuna en que hemos nacido
y donde renacemos continuamente en el amor.
Señor Jesús,
entra en nuestras casas
y entona el canto de la vida.
Reaviva la llama del amor
y haznos sentir la belleza
de estar unidos unos a otros
en un abrazo de vida:
a vida alimentada por el aliento mismo de Dios,
el aliento de Dios-Amor.
Señor Jesús,
salva a la familia,
¡para salvar la vida!
Señor Jesús,
salva la mía,
¡nuestra familia!